中青年经济与管理学者文库

本书是国家自然科学基金项目（71272152）“基于会计制度变迁的所得税会计信息有用性研究”与广西壮族自治区中青年教师基础能力提升项目（2018KY0006）“所得税会计信息的契约有用性与经济后果研究”的阶段性研究成果。本书得到广西会计人才小高地建设经费、广西大学博士启动项目“所得税会计信息的决策有用性研究”的资助

会计制度变迁背景下所得税会计信息的有用性研究

唐　妤　著

中国财经出版传媒集团
中国财政经济出版社

图书在版编目（CIP）数据

会计制度变迁背景下所得税会计信息的有用性研究 / 唐妤著. —北京：中国财政经济出版社，2018.4

（中青年经济与管理学者文库）

ISBN 978 -7 -5095 -8172 -8

Ⅰ. ①会…　Ⅱ. ①唐…　Ⅲ. ①所得税 - 税收会计 - 研究 Ⅳ. ①F810.424

中国版本图书馆 CIP 数据核字（2018）第 060986 号

责任编辑：钱红叶　　　　责任校对：杨瑞琦

中国财政经济出版社 出版

URL：http：//ckfz. cfeph. cn

E - mail：cfeph@ cfeph. cn

（版权所有　翻印必究）

社址：北京市海淀区阜成路甲 28 号　邮政编码：100142

营销中心电话：010 - 88191537

天猫网店：中国财政经济出版社旗舰店

网址：https：//zgczjjcbs. tmall. com

北京财经印刷厂印刷　各地新华书店经销

880 × 1230 毫米　32 开　7.375 印张　170 000 字

2018 年 6 月第 1 版　2018 年 6 月北京第 1 次印刷

定价：40.00 元

ISBN 978 - 7 - 5095 - 8172 - 8

（图书出现印装问题，本社负责调换）

本社质量投诉电话：010 - 88190744

打击盗版举报热线：010 - 88191661　QQ：2242791300

策划人语

题记：一个人的精神成长史，取决于他的阅读史。只有阅读能最有效地培养精神生活习惯，而好的习惯又培养性格，性格决定人生。

——我们自豪，因为我们就是创造这精神产品的人。

选择了飞翔，总能看到蓝天；选择了远航，总能感受大海。人生不仅要作出选择，也要坚持住自己的选择。学会计、当编辑是我的意外选择。人说编辑是为人做嫁衣，可是这一选择我坚持了27年，苦在其中，乐在其中，也算是有声有色。每当我把一本本好书呈献给人们的时候，我觉得我是“富贵”的人：富，不是你身上的钱财，而是你心里的满足；贵，不是你地位的显赫，而是你被人需要的程度。

书海探寻，情怀永恒

我要说，做编辑我幸运，因为我不仅是第一个读者，可以对作品"品头论足"，也可以对作品"生杀予夺"；更重要的是，这是一个很高层次的平台，在多年与名家的交往和名著的"对话"中，深深地为他们的人格和才学所感动，被作品的精彩所吸引，这不仅使我"下笔如有神"，更使我的思想和灵魂也受到一次次洗礼和震撼，得到一次次升华。对于我的作者我的书，如数家珍，作者中不乏才学和为人同样过人的多位泰斗和"颜值高责任大"的众多才子佳人；策划的作品不仅立足专业还兼顾人文，也是情怀所在，专业加人文路才会更宽。

多年的体会是，作为一名编辑，起码要"三心二意"，即"责任心、细心、耐心"和"服务意识、创新意识"。要多策划一些有分量的拳头产品，用一个选题推动一个系统工程，用一个系统工程培养一个出版社品牌。给新入职编辑讲座时我做过一个比喻：编辑两项基本功，审稿——甚至要比博导审批学生论文还要全面、细致；选题策划——要像电影导演一样做"星探"，善于发现优秀作者和挖掘好的原创作品。记不得27年来我策划和编辑了多少书，组织和策划了一大批教材、业务培训用书、通俗读物、理论专著等，有的获得过国家、省部级各类奖项，有的以其填补空白、社会热点、风格新颖、开拓尝试等特点受到读者的欢迎。20世纪90年代我开始自主策划选题，多年来每年都有新丛书问世。比如，21世纪初内部控制研究在国内刚兴起时，策划了《现代内部控制丛书》，其中《企业内部控制管理操作手册》是我鼓励作者将自己饱含心血的经过长期钻研和实践并证明卓有成效的成果奉献付梓，使得更多的人能受益于此，这无疑是对我国内部控制理论探索和实践发展的一种贡献，内部控制选题至今还是热点。2013年的《来去无尘——一位财政部长的生前事》所展现的吴波精神，与深入推进党风廉政建设相得益彰，得到中央领导同志的高度重视和重要批示。中央各大主流媒体纷纷连续报道，掀起了全社会学习吴波高尚情操的热潮。2014年至今的前沿选题《财务云丛书》等也越来越受到业界认可。

想是问题，做是答案

众所周知，目前的图书出版业在行业竞争和纸质图书受到严重冲击的情况下，出版人无不感到莫大的危机。在这种背景下，策划一套专业图书是颇感困惑的一件事，风险更大。但即使这样我们也不能因噎废食、停滞不前，还要积极应对，继续发挥纸质图书的固有特质，挖掘出版内容和形式都精彩的原创作品，适应新形势下读者的更高需求。2017年，我们接受新的挑战，开启新的征程，又策划《中青年经济与管理学者文库》《当代税收名家丛书》《中国税务律师系列丛书》《现代管理实务丛书》《高等院校应用型会计人才精细化培养系列教材》等，继续为扶持学术研究和总结最新成果，在高端研究与专业知识普及和应用之间搭建一座座有益的桥梁。

每一个时代的经济环境不同，理论研究和实务探索所需要解决的问题也有所差别。当前我国不仅处于经济结构调整和供给侧改革的攻坚期，同时也处于大数据和互联网突飞猛进的变革期，矛盾叠加，风险交汇，市场环境和组织模式不断演变发展、推陈出新，经济、管理、财税等领域的新理论、新思想、新方法、新工具也层出不穷。乱花渐欲迷人眼，击水三千浪几何？这些领域的研究人员被时代赋予了更艰巨的责任，也面临着更高、更多元的要求，我们不仅要具备更广阔的学术视野，而且要有更严谨的学术思维。

输在犹豫，赢在行动

《中青年经济与管理学者文库》的作者，都是我国经济与管理领域的中坚力量，也是未来的大家。他们中有些人潜心从事理论研究，有些人则深耕在实务一线，但无论现实身份如何，视野全都没有被拘泥在“象牙塔”内。他们从不同视角对市场经济的不同要素进行细致审视，然后汇聚于“财经版”这面旗帜之下，相互碰撞，彼此激荡，力求在市场经济转型升级的关键时期留下最新鲜的“中国印记”。

这些经济与管理领域的中青年学者，就是我国市场经济发展的潜力与优势，他们的研究成果，不仅将引领市场经济的各个组成环节向更科学、更先进的方向发展，而且将成为我国政府和企业在未来经济世界扮演更重要角色的支点与动力。祝愿这些中青年学者能攀上更高的学术之山，走向更远的研究之路，也期待宏观、中观、微观各个层面的市场参与者都能从这套文库中得到切实的启发与指引，在全面深化改革、增强发展活力的关键时期，发挥正能量和积极作用，为经济社会发展增添新的动力！

如果您认可，如果您有意愿，欢迎您和您的朋友加盟我们的作者队伍！在中国财经出版传媒集团的“旗舰”下，中国财政经济出版社这“老字号”，一定励精图治，谱写新的篇章。我们用“龙的精神，玉的品质”来助力您实现梦想！

策划人：樊清玉

邮箱：qingyuf@ sina. com

2017 年春

前言

最近二十多年，我国企业会计制度在国际协调与趋同的背景下发生了重大变革，其中所得税会计处理方法是最为重要的变革领域之一。从最初的应付税款法到目前的资产负债表债务法，这种变革已经对企业财务报表所反映的经营成果与财务状况产生了较大的影响，但其理论依据是否充分，逻辑基础是否坚实，实际效果是否良好，仍然不够清楚。唐妤的这部论著试图对所得税会计处理方法变革的理论依据和逻辑基础进行系统梳理和深入剖析，并结合我国会计制度变迁的背景，运用理论分析、实证检验、问卷调查和调研访谈等方法，从多个角度考察所得税会计处理方法的变革对上市公司利益相关者决策的影响。这部论著的主要结论如下：

第一，在美国关于所得税会计处理方法的

讨论和争论持续了数十年，但所得税会计处理方法在理论上的一致性与其在实践中应用的复杂性始终是难以协调的矛盾。美国财务会计准则委员会（FASB）最终选择资产负债表债务法，实际上是在其构建的财务报告概念框架的约束与指导下达成的结果。因此，分析所得税会计处理方法变革的理论依据与逻辑基础必须要与 FASB 构建的财务报告概念框架联系起来。

第二，所得税会计处理方法变革的理论依据是资产负债表信息的估值有用性，其基本逻辑是：财务报告的目标是提供“决策有用”的会计信息，尤其是提供对资本市场参与者决策有用的会计信息；资产负债表信息的估值有用性是财务报表信息决策有用性的基础，因此，会计准则应当着眼于提升资产负债表信息的估值有用性；而资产负债表债务法的运用有助于提升资产负债表信息对评估企业价值的有用性（即估值有用性），是与财务报告概念框架最为协调一致的所得税会计处理方法，因此是最优的所得税会计处理方法。但是，该方法在理论上、逻辑上等多方面都存在缺陷。论著认为该方法并非是最优的所得税会计处理方法，在该方法下所生成的会计信息并不一定提升了财务报告信息的决策有用性。

第三，理论的推导得到了实证检验、问卷调查和调研访谈结果的支持。在检验所得税会计信息的价值相关性方面发现，我国 A 股上市公司 2001 ~2015 年的所得税会计信息具有价值相关性；但在比较检验几种所得税会计处理方法的价值相关性时发现，资产负债表债务法下所生成的所得税会计信息相比递延法和利润表债务法仅有微弱增量的价值相关性，而相比应付税款法则并未证实具有增量的价值相关性。在检验所得税会计信息对盈余稳健性的影响方面发现，利润表债务法或递延法下的“递延税款借项”和资产负债表债务法下的“递延所得税资产”均对盈余稳健性有负面的影响，其中“递延所得税资产”对盈余稳健性的负面影响比“递延税款借项”的负面影响更加显著；利润表债务法或递延法下的“递延税款贷项”对盈余稳健性有正面的影响，而资产负债表债务法下的“递延所得税负债”则对盈余稳健性未表现出正面影响。随后，问卷调查与调研访谈的结果表明：企业财务管理者、投资者和债权人对所得税会计处理方法各有不同的评价，但无论是对哪一方而言，资产负债表债务法都并非是最为合适、最优的所得税会计处理方法。因此，应当对现行的所得税会计处理方法进行改进。一种可能性是只在初始确认环节运用计税基础与暂时性差异的分析，而在期末仍然基于利润表债务法进行分析。因为在初始确认环节面临所得税问题的情况比较少见。另一种可能性是只在为了确定利润表债务法下无法涵盖的特殊项目的所得税影响时采用资产负债表债务法进行分析，而其余项目仍旧采用利润表债务法。因为在利润表债务法下无法涵盖的业务也不经常发生。

这部论著的主要改进与创新体现在：

1. 已有研究大多是孤立地看待所得税会计处理方法的变革，认为资产负债表债务法是资产负债观的体现，为资产负债表债务法的运用寻找理论依据。这部论著将所得税会计处理方法变革问题置于会计制度整体变革的背景下予以研究，对所得税会计变革的理论依据和逻辑基础进行更系统地梳理和更深入地剖析，有助于全面、深刻地认识所得税会计信息在财务报表中的作用，同时有助于对所得税会计准则变迁的合理性与有效性进行恰当评价。

2. 现有文献局限于从单一的价值相关性视角研究所得税会计信息对股票投资者的决策有用性，而忽略了对其他利益相关者的影响。这种单一视角的研究所得出的结论不足以说明所得税会计处理方法变革的合理性和有效性。这部论著针对主要利益相关者从多个角度对所得税会计信息的有用性进行分析，克服了以往单一视角研究的局限，拓宽了所得税会计研究的视野。

3. 已有文献大多仅仅使用大样本回归进行检验的研究方法，鲜有文献通过问卷调查和调研访谈的方法来获取所得税会计信息有用性的直接证据。这部论著除了采用实证检验方法之外，还采用问卷调查和调研访谈相结合的方法获取直接证据，对所得税会计信息的有用性进行考察，在一定程度上弥补了实证检验方法固有的局限性，增强了研究结论的可靠性。

这部论著的研究有助于评价我国所得税会计处理方法变革乃至企业会计制度整体变革的合理性和有效性，可以为我国所得税会计准则的进一步完善和有效实施提供理论支持和经验证据，同时也为评价我国会计准则国际趋同的效果提供了参考。

戴德明

于中国人民大学明德楼

第1章 导 论

1.1 研究背景与研究意义

最近25年来，随着我国企业会计制度（包括企业会计准则和狭义的企业会计制度）与国际会计准则协调和趋同的不断深入，我国企业会计制度与企业所得税收法规之间的差异逐渐扩大。因此，所得税会计处理是采用应付税款法，抑或资产负债表债务法等其他方法，会对企业财务报表所反映的财务状况与经营成果有重要的影响。现行《企业会计准则第18号——所得税》（CAS 18）要求采用单一的资产负债表债务法，该规定是《企业会计准则》（2006）主要的、重大的变化之一。我们可以从以下两个方面分析这种变化带来的影响。

1.1.1 对资产负债表的影响

以上汽集团（股票代码：600104）为例，

其2007～2016年底资产负债表上的递延所得税资产数额逐年增大，且呈快速增长的趋势，由2007年的2亿元，增长为2016年的208.52亿元，增长幅度达10326%。上汽集团2007～2016年各年末的递延所得税资产分别为2亿元、3.43亿元、14.28亿元、71.48亿元、82.32亿元、86.26亿元、116.93亿元、137.58亿元、169.92亿元和208.52亿元，其2017年第三季度报告上的递延所得税资产数额仍继续增大，为236.97亿元。其变化趋势本书用图1－1表示如下：

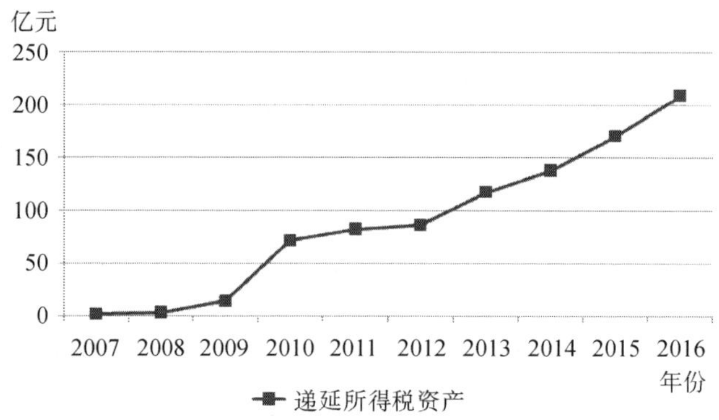

图1－1　上汽集团2007～2016年的递延所得税资产金额的变化趋势图

进一步分析我国A股上市公司2016年末的数据发现，667家公司的递延所得税资产占资产总额的比例超过1%，54家超过3%；540家公司的递延所得税负债占负债总额的比例超过1%，226家超过3%；520家公司的递延所得税净额占净资产总额的比例超过1%，46家超过3%。

1.1.2　对利润表的影响

本书根据2016年A股上市公司年报数据测算，剔除利润总额为负的公司后，有297家公司的递延所得税费用或收益[①]占利润总额的比重超过5%，199家公司的递延所得税费用或收益占利润总额的比重超过10%，113家公司的递延所得税费用或收益占利润总额的比重超过20%，77家公司的递延所得税费用或收益占利润总额的比重超过30%。本书还选取了部分公司进行详细分析，测算递延所得税费用（收益）对所得税费用总额的影响。例如，宝钢股份（股票代码：600019）2008年的当期所得税费用25.18亿元，由于确认了递延所得税收益9.65亿元，最后利润表上列示的所得税费用总额仅为15.53亿元。再看宝钢股份2009年的所得税费用总额11.99亿元，其中有递延所得税费用5.59亿元，约占了所得税费用总额的46.6%，而当期所得税费用实际上只有6.41亿元。再如，中国船舶（股票代码：600150）2010年的当期所得税费用10.84亿元，由于确认递延所得税收益5.21亿元的影响，最后其所得税费用总额仅为5.63亿元。其2013～2016年递延所得税费用（收益）占所得税费用总额的比重更大。但最令报表使用者费解的是，中国船舶2013年、2014年和2015年的净利润均小于零，但其所得税费用总额均大于零，由此使得税后净利润亏损额更大。具体情况用表1-1

① 由于递延所得税费用（收益）和当期所得税费用的数据无法直接从数据库中获得，本书采取了以下计算方式对递延所得税费用（收益）和当期所得税费用进行估算，即：递延所得税费用=（期末递延所得税负债-期初递延所得税负债）-（期末递延所得税资产-期初递延所得税资产），若计算为正，则为递延所得税费用；为负，则为递延所得税收益。当期所得税费用，是指企业当期实际缴纳的所得税费用，等于所得税费用总额减去递延所得税费用。其中，所得税费用总额指的是利润表中列示的所得税费用。需要说明的是，本书按以上计算方式估算的递延所得税费用（收益）和当期所得税费用并不是精确的金额，因为还有一些特殊项目下（如企业合并）确认的递延所得税负债、资产并不影响递延所得税费用（收益），还有直接计入所有者权益的递延所得税负债、资产也不影响递延所得税费用（收益）。因此，本书上述估算的结果是存有误差的，只能在一定程度上进行衡量。

列示中国船舶2010~2016年递延所得税费用（收益）对所得税费用总额的影响如下：

表1-1 中国船舶2010~2016年的递延所得税信息情况表

年份/项目	所得税费用总额（亿元）	递延所得税费用（或收益）（亿元）*	当期所得税费用（亿元）	递延所得税费用（收益）占所得税费用的比例
2010	5.63	-5.21	10.84	-92.5%
2011	5.42	-1.71	7.13	-31.5%
2012	2.16	-2.34	4.50	-108.2%
2013	0.86	2.03	-1.17	235.0%
2014	0.10	-0.20	0.30	-200.6%
2015	1.75	1.60	0.16	91.0%
2016	3.19	2.6	0.57	81.5%

注：表1-1中数据取自中国船舶2010~2016年的年报。* 这列数据为负代表递延所得税收益，为正代表递延所得税费用，具体的计算与解释见上页脚注。

以上分析表明，所得税会计处理方法的变革对财务报表所反映的经营成果和财务状况产生了重要影响。但我们应当怎样来看待这种变革及其影响？这种变革的理论依据是否充分，逻辑基础是否坚实，所得税会计信息对企业利益相关者决策的有用性是否得以提升？现有研究未能很好地回答上述问题。

在理论分析方面，已有研究较多的是为资产负债表债务法寻找理论依据，孤立地看待所得税会计处理方法的变革，简单地认为资产负债表债务法是资产负债观的体现。其基本前提是，基于某一种方法所生成的信息能够满足所有利益相关者的基本信息需要，但事实上，他们的信息需求很可能是不同的。因此，有必要从多个方面对所得税会计信息的有用性进行分析。本书试图对不同利益相关者从多个角度展开所得税会计信息有用性的研究，将所得税会计处理方法变革问题置于会计制度整体变迁的背景下，系统梳理、深入剖析所得税会计处理方法变革的理论依据和逻辑基础。

在实证检验方面，现有文献局限于从价值相关性视角研究所得税会计信息对股票投资者的决策有用性，而忽略了对其他利益相关者的影响。这种单一视角的研究所得出的结论不足以说明所得税会计处理方法变革的合理性和有效性。本书试图从多个角度考察所得税会计处理方法的变革对上市公司不同利益相关者的影响。

此外，依据某种所得税会计处理方法所生成的会计信息，对利益相关者决策的有用性，基本前提是该信息具有可理解性。所得税会计处理方法的变革还需要遵循成本效益原则。而资产负债表债务法的复杂性与递延所得税相关信息的预期性，增加了理解信息的难度，提高了生成信息的成本。因此本书还会重点关注所得税会计信息的可理解性、所得税会计处理方法变革的成本效益分析等问题。然而这些问题难以采用实证检验的方法进行研究，故本书试图通过问卷调查和调研访谈取得第一手资料予以分析。对于那些虽然可以采用实证检验方法进行分析的研究问题，由于实证检验方法固有的局限性，仍然有必要通过问卷调查和调研访谈，获取直接证据，以增强研究结论的可靠性。

本书研究的理论意义与实际价值可以概括如下：

（1）系统、深入地梳理和剖析所得税会计处理方法变革的理论依据与逻辑基础，有助于全面、深刻地认识财务报表中所得税会计信息的作用，有助于恰当评价所得税会计准则变迁的合理性与有效性。

（2）针对不同利益相关者从多个角度对所得税会计信息的

有用性进行分析，克服了以往单一视角研究的局限，拓宽了所得税会计研究的视野。

（3）采用实证检验、问卷调查和调研访谈相结合的方法，对所得税会计信息的有用性进行考察，有助于增强研究结论的可靠性。

（4）可以为我国所得税会计准则的进一步完善和有效实施提供理论支持和经验证据，同时为评价我国会计准则国际趋同的效果提供参考。

1.2 研究问题与研究目标

1.2.1 本书研究的关键问题

本书拟研究的关键问题是：所得税会计处理方法的变革是否提高了所得税会计信息对主要利益相关者的有用性？回答以上问题首先要回答的问题是：所得税会计处理方法为什么要变革？美国的会计准则 GAAP 以及国际会计准则（国际财务报告准则）关于所得税会计处理方法的选择，为什么如此青睐资产负债表债务法？之所以要先研究这两个问题，是因为它是非常重要的问题，而且目前对这两个问题的研究还不清晰。在已有研究的理论分析方面，往往是孤立地看待各种所得税会计处理方法，相关评价与分析的说服力不够。在实证检验方面，已有研究主要关注所得税会计信息的价值相关性，由于股票价格的影响因素众多，单纯从价值相关性方面进行检验，其证据力也非常有限。总之，尚缺乏全面、深刻的理论分析，也缺乏有力的经验证据。本书试图对上述两个问题进行研究，以有助于系统地梳理和深入地剖析所得税会计处理方法变革的理论依据与逻辑基础，理清选择资产负债表债务法的原因。

其次要回答的问题是：所得税会计处理方法的变革（主要是资产负债表债务法的使用）是否提高了会计信息对企业主要利益相关者的有用性？回答这个问题的目的是想弄清楚资产负债表债务法在我国独特的环境下运用的实际效果，以及所得税会计处理方法变革的基本逻辑与思路是否适合（适应）我国的特殊国情。对此，本书试图通过实证检验、问卷调查和调研访谈的方法来回答这个问题，比较不同处理方法下所生成的所得税会计信息对主要利益相关者的有用性。

1.2.2 本书的研究目标

本书试图对所得税会计处理方法变革的理论依据和逻辑基础进行系统梳理和深入剖析，并结合我国会计制度变迁的背景，运用理论分析、实证检验、问卷调查和调研访谈等方法，从多个角度考察所得税会计处理方法变革的背景下财务报表中所得税会计信息对上市公司主要利益相关者的有用性。据以评价我国所得税会计处理方法变革的合理性和有效性，并为我国所得税会计准则的进一步完善和有效实施提供理论支持和经验证据。

1.3 概念与研究范围的界定

1.3.1 概念界定

（1）会计制度变迁

制度也称制度安排，是应经济增长的需求而产生。T. W. 舒尔茨（1968）[①] 将制度定义为是管束人们的一系列规则。制度变迁（Institutional Change）是指现行制度安排的变更或替代，或是新制度安排的创造。制度变迁可能导致收益的提高，但也可能成本高昂，因而需要对成本—收益进行充分的衡量与分析。林毅夫（1989）进一步将制度变迁划分为：诱致性变迁和强制性变迁[②]。诱致性变迁是指经济活动中各当事人面临获利机会而自发从事的制度创新，强制性变迁是指通过政府供给新制度安排而实现的制度变革[③]。周业安（2000）指出，在改革过程中，组织和社会成员都对规则有相应的理解，给定特定的环境条件，两者会达到激励兼容，结果内部规则（即诱致性变迁）与外部规则（强制性变迁）的演变会相互促进。

本书所指的会计制度包括企业会计准则和狭义的企业会计制度，是经济法律制度的组成部分。从 1993 年开始，我国已经经历了几次较大的会计制度变迁，总体来说，这些会计制度变迁既是对高质量会计信息需求的回应，也受到了 IASB 及其他国家的外部压力，但最后均以政府法规的形式得以表现。周雪光和艾云（2010）指出，制度变迁是一个内在性过程，认识制度变迁必须着眼于对其具体演变过程深入分析。因此，本书将重点针对会计制度整体变迁背景下所得税会计规则的演变过程进行系统梳理和深入分析。

（2）所得税会计信息的有用性

首先，界定会计信息[④]的有用性。本书认为会计信息的有用

---

① 转引自戴德明等（2005）。

② 转引自戴德明等（2005）。

③ 引自周业安（2000）。

④ 本书所指的“会计”是指“财务会计”。另外，本书对会计信息、财务报表信息和财务报告信息不作严格区分。

性应同时符合以下两个层次的要求：

第一层次，会计信息本身要符合有用财务报告信息质量特征的最基本要求，即可靠性（如实反映）与相关性[①]。高质量的财务报告虽然需要满足多种信息质量特征的要求，但是会计信息的可靠性与相关性是有用财务报告最重要的质量特征。因为只有在满足基本的财务报告信息质量特征的前提下，会计信息的有用性才能得到基本保障。或者说，会计信息的可靠性与相关性是会计信息有用性的必要条件。正如美国财务会计概念公告第 8 号（SFAC NO. 8）指出："如果财务报告信息要有用，那么它必须是与财务报告意欲反映的内容相关的和如实反映的"[②]。

第二层次，会计信息应当能够被使用者所理解，并且对使用者决策和签订契约有用，即会计信息的决策有用观和契约有用观（姜金香等，2005）。决策有用观认为，财务报告主要是为投资者提供决策有用的信息，强调从评估企业价值的角度来分析会计信息的作用。契约有用观则认为，会计信息主要是在企业利益相关者签订和执行契约时发挥作用，强调会计信息的契约有用性或治理作用。

会计信息的决策有用观是以投资决策理论为基础（杜兴强等，2008），认为会计信息尽管只是对企业过去的财务状况和经营活动的描述，但投资者却可以依据这些信息对企业未来的利润或现金流量进行预测，进而对企业未来的收益率做出判断。因此，决策有用观侧重于从评估企业价值的角度来分析会计信息的

① FASB 在第 8 号财务会计概念公告中已将"可靠性"改称为"如实反映"即 faithfully represents。

② SFAC NO. 8 中 QC4 的原文表达是：If financial information is to be useful, it must be relevant and faithfully represents what it purports to represent. The usefulness of financial information is enhanced if it is comparable, verifiable, timely, and understandable.

作用，强调会计信息的预测能力，重视会计信息的相关性。会计信息的相关性在实证研究中落实为价值相关性，具体可细分为信息观（information perspective）、计价模型观（valuation model perspective）和计量观（measurement perspective）三种（孙菊生、周建波，2003）。

契约有用观则是从评估代理人业绩的角度来分析会计信息的作用（杜兴强等，2008）。会计信息的契约有用观以代理理论为基础，将企业视为利益相关者各种契约的集合。会计信息在这些契约中充当了利益协调机制并对契约的执行起到了监督作用（Jensen 和 Meckling，1976）。Watts 和 Zimmerman（2009）指出，有关产权和契约的文献都表明，会计在签订契约条款以及在监督契约条款实施的过程中发挥了重要的作用。会计数据经常用于各种契约（债务契约、管理人员报酬计划、公司章程及细则等）。这些契约经常包含基于会计数据对利益相关各方的行为的各种限制。由于认为会计的主要作用在于衡量管理当局的业绩，并且契约标的通常需要具备硬性（hardness）的特征，所以相对于公允价值计量，基于历史成本计量的会计信息具有更强的可验证性，即可靠性。因此，契约有用观强调会计信息的可靠性。

其次，界定所得税会计信息的有用性。所得税会计信息属于会计信息的一部分，因此其有用性的衡量标准应当与会计信息的有用性保持一致，即：第一个层次，所得税会计信息应当符合有用财务信息质量特征的最基本要求，即具备相关性与可靠性。因为只有符合有用财务信息质量特征的所得税会计信息才可能对使用者具备决策有用性或契约有用性。对此，本书拟通过实证检验所得税会计信息的价值相关性来衡量所得税会计信息的相关性。这也是在一定程度上衡量所得税会计信息的决策有用性。另外，本书拟通过实证检验所得税会计信息对盈余稳健性的影响来衡量所得税会计信息的可靠性。因为稳健性强调历史成本计量，与可靠性的要求相符，因此可在一定程度上衡量所得税会计信息的可靠性。第二个层次，所得税会计信息应当能够被财务报告使用者所理解，并对财务报告的主要使用者决策和签订契约有用。对此，本书拟通过问卷调查和调研访谈的方式，从企业主要利益相关者的角度，了解所得税会计信息的可理解性和有用性等。

（3）所得税会计规则

"制度"、"规则"、"准则"、"会计准则" 和 "会计制度" 是几个比较容易混淆的词，但其含义是有所不同的。故有必要先理清这些词的含义。

"制度" 是指[①]：要求大家共同遵守的办事规程或行动准则。如：工作制度。"规则" 是指：①规章制度；②就某一或某些事项所指定的书面文件。国家机关颁发的规则，是法规的一种，具有法律效力。社会团体、企业事业单位等根据需要指定的规则，在本组织与本规则的范围内有约束力。"准则" 是指：法式；标准。比较以上词语的概念，规则的含义宽于制度，制度的含义又宽于准则。

就会计规范层面而言，"会计准则" 是指规范会计工作的要求或标准，是处理会计业务或判断会计信息质量的准则[②]。"会计制度" 是指进行会计工作所应遵循的规则、方法和程序等的总称[③]。我国在实施 2006 年出台的新企业会计准则以前，企业会计制度与会计准则（旧准则）并行。不过，这里指的还是狭

① 参考《辞海》中的解释。《辞海》第六版，2010，上海辞书出版社。

② 参考《市场经济大辞典》中的解释。《市场经济大辞典》，张跃庆，张念宏主编，1994，中国国际广播出版社。

③ 参考《市场经济大辞典》中的解释。《市场经济大辞典》，张跃庆，张念宏主编，1992，海洋出版社。

义的会计制度，还有文献将相关的条例、规定、企业会计准则和狭义的企业会计制度统称为广义的会计制度。本书所指的会计制度是广义的会计制度。

我国对于所得税会计的核算在相关的规定、企业会计制度和旧企业会计准则中均有涉及。为方便称谓，本书用“所得税会计规则”一词以概括。用“所得税会计规则”而不用“所得税会计准则”，是因为我国在实施2006年出台的新企业会计准则之前，还未对所得税会计进行专门的准则规范，而只有相关的规定或者在企业会计制度或旧企业会计准则中进行规范。而称之为“所得税会计制度”也有不妥，因为会计制度有广义与狭义之分，一词多义容易产生误解。故本书用“所得税会计规则”来表示规范所得税会计核算的制度、准则和相关规定等的总称。

所得税会计规则演变的重心在于所得税会计处理方法的变更。我国所得税会计处理方法演变的大致历程如下：单一的应付税款法——利润表债务法、递延法和应付税款法的可供选择——单一的资产负债表债务法。

（4）主要利益相关者

利益相关者（stakeholder）的概念最早由斯坦福研究所（Stanford Research Institute）1963年在一份内部研究备忘录中提出，其对利益相关者描述为：“企业如果没有这些群体的支持就不会存在”。他们列出的利益相关者最初包括：股东，雇员，客户，供应商，债权人和社会团体（Freeman，1984）。

Freeman（1984）将利益相关者的概念进行梳理，定义出广义（wide sense）和狭义（narrow sense）的利益相关者。广义的利益相关者是指：任何能够影响企业目标实现的或者会受企业目标实现影响的可辨认的组织或个人（公共利益集团，抗议团体（protest groups），政府机构，贸易协会，竞争者，工会，雇员，客户和股东等等都是广义的利益相关者)。狭义的利益相关者是指:任何企业为持续生存所依赖的可辨认的组织或个人(雇员,客户,特定供应商,关键政府机构,股东,特定金融机构等都属于狭义的利益相关者)。随后,许多文献对于究竟应该从狭义层面还是广义层面来界定利益相关者的概念进行过讨论,但并未达成共识。另外,对于利益相关者的分类也有较多文献进行讨论。

就本书而言,重点关注企业利益相关者中的主要利益相关者对所得税会计信息的使用情况及评价,具体包括企业投资者、企业债权人和企业管理者。其中,对于企业管理者,本书进一步将范围缩小为企业的财务管理者。因为考虑到所得税会计信息的专业性,企业的非财务管理者对所得税会计信息的了解程度和理解程度都可能较低,因此本书将其排除在研究范围之外,而将主要利益相关者确定为:企业投资者、企业债权人和企业财务管理者。

1.3.2 研究范围界定

由于本书研究的重点是财务会计领域的所得税会计处理方法及所得税会计信息对企业主要利益相关者的有用性,因此本书的研究范围包括与所得说会计处理方法以及在财务报表上列示的所得税会计信息直接相关的内容。至于所得税会计的衍生信息,如会税差异与纳税筹划等所涉及与衍生的研究不在本书的研究范围之列。

1.4 研究架构

本书的研究内容包括以下几个方面:

1.4.1 研究思路

(1) 所得税会计规则的演变

美国是最早研究所得税会计规则的国家，国际会计准则[①]中的所得税会计准则是借鉴美国的所得税准则制定和修订，我国的会计准则又与国际会计准则趋同，因此，所得税会计处理方法变革的原因需要从美国所得税会计规则的演变入手进行分析和总结，以助于为系统梳理和深入剖析所得税会计处理方法变革的理论依据和逻辑基础提供依据。

(2) 所得税会计处理方法变革的理论依据和逻辑基础

我国所得税会计处理方法的变革经历了三个阶段：①单一的应付税款法；②递延法、利润表债务法和应付税款法的可选择使用；③单一的资产负债表债务法。但所得税会计处理方法变革的理论依据是否充分，逻辑基础是否坚实，仍然不够清楚。

本书拟将所得税会计处理方法的变革置于会计制度整体变迁的背景下，系统梳理和深入剖析所得税会计处理方法变革的理论依据和逻辑基础，为评价我国所得税会计处理方法变革的合理性、有效性提供理论支持。

(3) 所得税会计信息对主要利益相关者有用的实证检验、问卷调查和调研访谈

所得税会计处理方法变革的成本效益问题以及所得税会计信息的可理解性，是所得税会计信息对利益相关者决策的有用性研究的重要内容。然而这些问题仅通过实证检验的方法难以全面地回答，故本书在实证检验的基础上，结合问卷调查和调研访谈的分析方法对所得税会计信息的可理解性以及所得税会计处理方法

① 后改称为“国际财务报告准则”。

变革的成本效益问题进行调查。基于此，本书将采用实证检验、问卷调查和调研访谈相结合的方法对所得税会计处理方法变革背景下的财务报表信息对主要利益相关者的有用性进行多角度分析。具体包括：

①实证检验所得税会计信息的价值相关性来衡量所得税会计信息的相关性；②实证检验所得税会计信息对盈余稳健性的影响来衡量所得税会计信息的可靠性；③问卷调查和调研访谈企业主要利益相关者（企业财务管理者、投资者和债权人），调查所得税会计信息的可理解性和所得税会计处理方法变革的成本效益问题，以及调查所得税会计信息对主要利益相关者的有用性。

最后，本书对实证检验、问卷调查和调研访谈的各种结果进行分析与运用。由于本书从企业主要利益相关者角度，分别采用实证检验、问卷调查和调研访谈方法，对所得税会计处理方法的变革和所得税会计信息的有用性进行研究。所以，无论是从同一角度采用多种方法进行分析，还是利用同一方法从不同角度进行分析，其研究结论具有较大的不确定性和广泛的开放性。通过对实证检验、问卷调查和调研访谈的结果进行分析与运用正好为系统梳理、深入剖析所得税会计处理方法变革的理论依据和逻辑基础提供了更为可靠的经验证据。

1.4.2 技术路线图

本书的技术路线如图 1 –2 所示。

1.4.3 研究方法

本书拟采用的研究方法包括规范研究、实证检验、问卷调查和调研访谈等多种研究方法，具体应用如下。

（1）采用归纳、演绎法探寻所得税会计处理方法变革的理

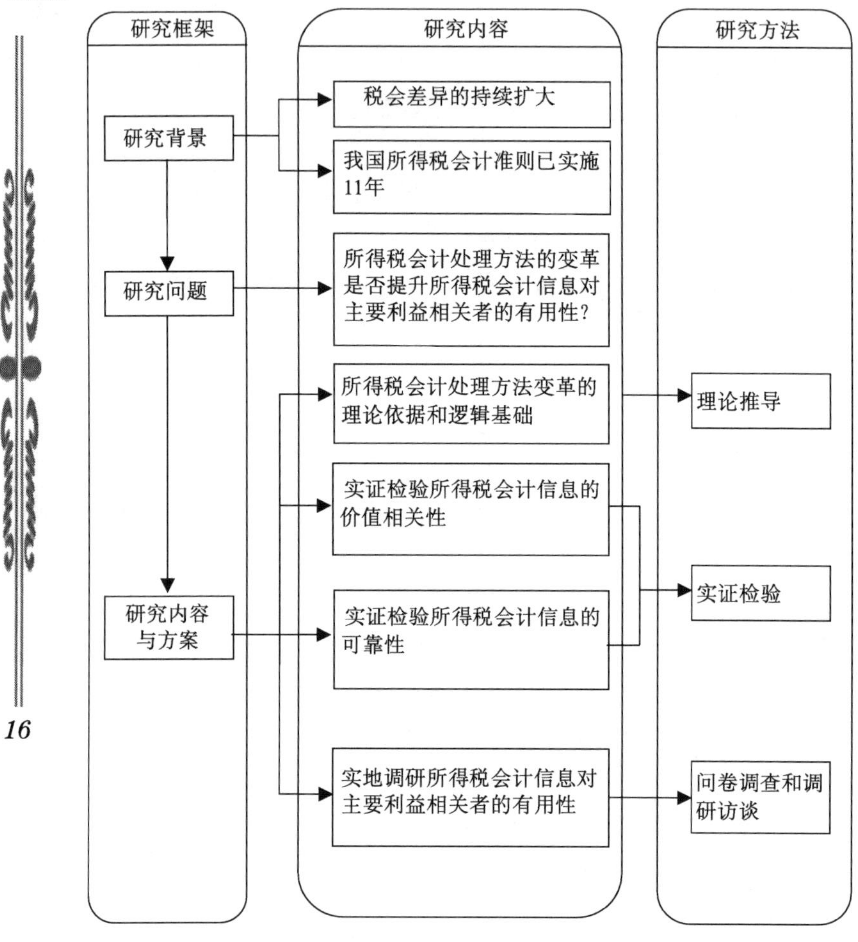

图 1－2　技术路线图

论依据和逻辑基础，为考察所得税会计处理方法变革影响的会计信息对利益相关者的有用性检验研究提供理论基础。

（2）采用我国 A 股上市公司 2001 ~ 2015 年的样本数据，运用多元回归方法，从所得税会计信息的价值相关性和可靠性两方面对我国所得税会计处理方法变革的影响进行检验。

(3) 对企业主要利益相关者（企业财务管理者、投资者和债权人）采用问卷调查和调研访谈的方式，为所得税会计处理方法变革及所得税会计信息对利益相关者的有用性提供进一步的经验证据。

1.4.4　结构安排

本书的结构安排如下：

第1章，导论。介绍本书的研究背景、研究意义、研究问题、研究目标等，并指出了本书的研究改进与创新。

第2章，文献回顾。本章通过梳理美国所得税会计规则的演变历程，总结了所得税会计规则演变的原因；此外，本章还回顾了所得税会计处理方法的比较、所得税会计信息对投资者、管理者和其他利益相关者的有用性的文献。在文献回顾后，本章对现有文献进行了总结与评价，同时指出了本书研究的内容以及研究意义。

第3章，所得税会计处理方法变革的理论依据与逻辑基础。本章结合财务报告概念框架，对所得税会计处理方法的变革进行推理与论证，比较了各种所得税会计处理方法的优缺点，论述了资产负债表债务法被采纳的理论依据与逻辑基础，此外对资产负债表债务法进行了评价，指出其存在理论上、逻辑上的缺陷。

第4章、第5章针对所得税会计处理方法的变革是否提高了会计信息对主要利益相关者的有用性问题进行探讨。其中，第4章检验了所得税会计信息的价值相关性与可靠性。通过采用我国2001~2015年A股上市公司的数据，用实证检验的方法，比较了不同所得税会计处理方法下所得税会计信息价值相关性和可靠性。第5章通过问卷调查和调研访谈的形式调查了所得税会计信息对主要利益相关者的有用性。通过结合问卷调查和调研访谈，进一步验证了所得税会计信息对主要利益相关者的有用性。

最后，第 6 章是本书的研究结论以及政策建议。

1.5 主要改进与创新

本书的主要改进与创新主要体现在以下三个方面：

（1）已有研究大多是孤立地看待所得税会计处理方法的变革，认为资产负债表债务法是资产负债观的体现，为资产负债表债务法的运用寻找理论依据。本书将所得税会计处理方法变革问题置于会计制度整体变革的背景下予以研究，对所得税会计变革的理论依据和逻辑基础进行更系统地梳理和更深入地剖析，有助于全面、深刻地认识所得税会计信息在财务报表中的作用，同时有助于对所得税会计准则变迁的合理性与有效性进行恰当评价。

（2）现有文献局限于从单一的价值相关性视角研究所得税会计信息对股票投资者的决策有用性，而忽略了对其他利益相关者的影响。这种单一视角的研究所得出的结论不足以说明所得税会计处理方法变革的合理性和有效性。本书针对主要利益相关者从多个角度对所得税会计信息的有用性进行分析，克服了以往单一视角研究的局限，拓宽了所得税会计研究的视野。

（3）已有文献大多仅仅使用大样本回归进行检验的研究方法，鲜有文献通过问卷调查和调研访谈的方法来获取所得税会计信息有用性的直接证据。本书除了采用实证检验方法之外，还采用问卷调查和调研访谈相结合的方法获取直接证据，对所得税会计信息的有用性进行考察，在一定程度上弥补了实证检验方法固有的局限性，增强了研究结论的可靠性。

第2章 文献回顾

本章拟回答的问题是：所得税会计规则为什么变革？所得税会计处理方法是怎样最终确立为资产负债表债务法的？由于美国是最早研究所得税会计规则的国家，国际会计准则中的所得税会计准则是借鉴美国所得税准则进行的制定与修订，我国的会计准则又是与国际会计准则趋同，因此，本章直接从美国所得税会计规则的演变入手进行分析和总结，为分析所得税会计处理方法变革的理论根源提供依据。

2.1　所得税会计规则的演变

20 世纪 40 ~ 90 年代，关于财务报表中什么是最适宜采用的所得税会计处理方法在美国一直是热门争论和反复讨论的话题。美国会计程序委员会（Committee on Accounting Procedure，简称 CAP）、美国会计原则委员会（Ac-

counting Principles Board，简称 APB）和美国财务会计准则委员会（Financial Accounting Standards Board，简称 FASB）均对这个话题进行了讨论。即使后来 FASB 将所得税会计处理方法统一为资产负债表债务法，该方法的批评者仍提供证据认为，最适宜的所得税会计处理方法问题目前仍未找到（Schultz 和 Johnson，1998）。美国所得税会计规则演变的主要历程如表 2－1 所示。

表 2－1　美国所得税会计规则演变的主要历程①

规则制定者	发布时间	所得税会计规则名称	采取的会计处理方法
会计程序委员会（Committee on Accounting Procedure，CAP）	1942 年 12 月	《会计研究公报第 18 号：债券赎回相关的未摊销折价与赎回溢价》（简称 ARB No. 18）	引入跨期分摊理念
	1944 年 12 月▲	《会计研究公报第 23 号：所得税的会计处理》（简称 ARB No. 23）	债务法、税后净额法部分分摊
	1952 年 11 月	《会计研究公报第 42 号：应计设备——折旧，摊销与所得税》（简称 ARB No. 42）	债务法、税后净额法部分分摊
	1953 年 6 月	《会计研究公报第 43 号：会计研究公报的重述和修订》（简称 ARB No. 43）	债务法、税后净额法部分分摊
	1954 年 10 月	《会计研究公报第 44 号：余额递减折旧》（简称 ARB No. 44）	债务法、税后净额法部分分摊
	1958 年 07 月	《会计研究公报第 44 号：余额递减折旧》（修订）（简称 ARB No. 44（修订））	全面分摊

① 本表参考周华（2011）编制。

续表

规则制定者	发布时间	所得税会计规则名称	采取的会计处理方法
会计原则委员会（Accounting Principles Board，APB）	1965 年 10 月	《意见书第 6 号：会计研究公报的地位》（简称 APB Opinion No. 6）	债务法、递延法
	1966 年 12 月	《意见书第 10 号：汇总意见——1966》（简称 APB Opinion No. 10）	禁止对递延税款折现
	1967 年 12 月▲	《意见书第 11 号：所得税的会计处理》（简称 APB Opinion No. 11）	递延法
财务会计准则委员会（Financial Accounting Standards Board，FASB）	1987 年 12 月▲	《财务会计准则公告第 96 号：所得税的会计处理》（简称 SFAS No. 96）	资产负债表债务法
	1992 年 2 月▲	《财务会计准则公告第 109 号：所得税的会计处理》（简称 SFAS No. 109）	资产负债表债务法

注：“▲”代表重要的所得税会计规则（公报、意见书或准则）。

借鉴 Schultz 和 Johnson（1998），以下对所得税规则演变的梳理分别以 CAP、APB 和 FASB 这三个美国会计准则制定机构的存续期间为时间段划分，进行文献梳理和总结。

2.1.1　CAP 时期（1936～1959 年）：争论的开始

美国于 1909 年通过了《公司税法》，并于 1913 年批准通过了联邦宪法第十六次修正案。所得税由此成为了美国联邦税收体系中必不可少的一部分。不过在第二次世界大战之前，所得税收入的主要来源还只是美国国内的财产税。Sommerfeld 和 Easton（1987）认为在 1939～1945 年二战期间，因为边际企业所得税率由 19% 上升到 38%，所以所得税变得重要起来。在二战后，经济的扩张以及股东数量的增加使得“每股收益”这样的衡量指标变得愈发重要，Carey（1970）认为这给更多收入数据的可比性带来压力。Bailey（1948）和 Shield（1957）认为，对所得税费用衡量方式的重视，反映了这个时期对于收入衡量的普遍关注。

美国会计程序委员会（以下简称 CAP）于 1936 年成立，在 1938 年得以壮大并取得发布研究公报的权力（Davidson 和 Anderson，1987）。CAP 在 1939 年发布了一份研究公报，提到了早期的所得税分摊问题。这个问题是在 20 世纪 30 年代当长期利率下降时许多企业偿还债券时凸显出来。即：企业在计算应税收益时，只需扣除债券未摊销折价和赎回溢价。而在会计处理上，这些金额通常直接计入留存收益，或者在最初确定年限的剩余年限内跨期摊销。因此 CAP 认为企业报告相关税收收益的做法是不恰当的。CAP 于 1942 年发布了第 18 号会计研究公报（ARB No. 18），引入了所得税跨期分摊的理念。ARB No. 18 认为，虽然用税收节余在剩余年限中对折价进行分期摊销是更好的处理方式，但是还是建议采用税收节余（tax savings）来减少放在留存收益中冲销的有关债券折价。ARB No. 18 提到的前一种方法是跨期摊销所得税，后一种方法是期内摊销所得税。

此外，另一个有待解决问题是所得税的性质，即：所得税是一项费用，还是一项利润分配？Carey（1944）对此问题发表了专题讨论。Nurnberg（1971）指出，将所得税视为一项费用符合“业主权理论”，而将所得税列为一项利润分配则反映了“企业主体理论”。从“业主权理论”来看，所得税与利息一样，被认为是为了达到经营盈利目的而发生的必要费用。然而“企业主体理论”认为，权益投资者和债权人一样都是企业资本的提供者，因此所得税与利息都被认为是利润分配的项目。

（1）CAP发布系列会计研究公报

1944年，CAP发布了《会计研究公报第23号：所得税的会计处理》（以下简称ARB No. 23），认为所得税是一项费用。由此看，ARB No. 23采纳的是企业业主的视角，即“业主权理论”。Shield（1957）认为这个观点随后被广泛接受。ARB No. 23建议，当应税收益与会计收益之间存在实质的（material）和特别的（extraordinary）差异时，所得税费用和税前会计利润之间应该要保持一定的比例关系。ARB No. 23认为，在不同期间的纳税申报表和财务报表上确认同一个项目时，采用跨期分摊法是较为恰当的；而如果将应税利得或损失直接计入权益，那么采用期内分摊法则更为合适。从美国二战期间税法允许对防御性设备采用加速折旧法计提折旧来看，采取跨期分摊所得税的方法是适当的。

对于分摊程度的问题，ARB No. 23认为，如果当期利润是来自分期收款的销售，或者是来自长期合同，又或者当税法认为一项现金支付可递减应税收益时，所得税就很可能要在未来支付。而这在会计上是不被看作费用的。如果预期时间性差异在相当长的时期内会定期地、有规律地重复发生时，所得税就没有必要分摊。因此，CAP最初支持的是所得税的部分分摊方式，即只有对那些不重复发生的、实质性时间性差异才进行分摊。与此相反，全面分摊是指对所有的时间性差异均进行分摊。

ARB No. 23提出用不同的账户来衡量所得税分摊，以及采用不同的税率来计算税额。由折旧产生的时间性差异可能被确认为：借记所得税费用、贷记应折旧资产。这种确认方法后来成为

“税后净额法”（net - of - tax method）的基础。另一种方式，折旧费用被计入借方，然后将“适当准备金或者其他账户”计入贷方。当时间性差异在未来期间能够反转时，其处理要么根据当期所得税的减少额来确定递延所得税，要么根据未来应付所得税的估计额来确定递延所得税。ARB No. 23 还指出，当企业存在可结转亏损时，企业可以在亏损年度确认由亏损向以前年度结转（carryback）所带来的所得税收益；或者，在营利年度确认由亏损向以后年度结转（carryforward）所带来的所得税收益。

在会计实务中，由于企业采用不同的账户来记录所得税分摊以及用不同的税率来衡量递延所得税，因此实务中演变出以下三种主要的所得税分摊方法，即：税后净额法、债务法以及递延法。在税后净额法中，递延所得税被当作是估计备抵（valuation allowance），用来抵减资产负债表上的相关资产或负债。在利润表中，递延所得税要么是所得税费用，要么是与时间性差异相关的收益或费用，而且其金额有可能采用当期的所得税税率计算，也可能用预期的所得税税率计算。在债务法和递延法下，递延所得税在资产负债表中是一个单独项目，在利润表中是经过调整的“所得税费用”项目。递延法认为，递延所得税账户是一项递延费用或递延贷项，它是基于时间性差异最初产生时有效的税率计算的。而在债务法下，递延所得税账户是一项资产或负债，用时间性差异反转时预期有效的税率进行衡量。

Schultz 和 Johnson（1998）指出，美国证监会（Securities and Exchange Commission，简称 SEC）的总会计师 William Werntz 对所得税跨期分摊并不赞同，并在第 53 号会计系列公告（Accounting Series Release No. 53，简称 ASR No. 53）中指出，在大多数情况下备付所得税（tax provision）应该只反映当期实际应交的所得税，而不应该反映未交的所得税。然而，尽管 SEC 反对 CAP 的做法，CAP 仍然继续在第 27 号会计研究公报（ASR No. 27，1946）和第 42 号会计研究公报（ASR No. 42，1952）中支持所得税的跨期分摊。Blough（1955）指出，CAP 提倡部分分摊是因为企业在其他方面替换或增加固定资产时将会使递延所得税负债不断累积，而在固定资产规模削减或清算时，递延所得税负债却不会减少。后来 SEC 开始要求部分在税法上按加速折旧法而在账面上按直线折旧法的企业进行所得税分摊。Barr（1958）认为所得税分摊在有些情况下是必要的，因为能避免利润表出现较大的误导。

随后，CAP 在 1958 年对 ARB No. 44 进行修订时改变了部分分摊的立场，支持全面分摊。ARB No. 44（修订）继续允许在资产负债表中确认递延所得税，允许确认单独的递延所得税账户或采用税后净额法。但是一些企业误认为 ARB No. 44（修订）允许将“递延所得税”归类为已获盈余（Rayburn，1986）。为了阻止实务中的这种做法，CAP 对递延所得税账户又发布了一项澄清报告，即：“……在资产负债表中被记为负债或者递延贷项……（递延所得税）不应该同时确认一项已获盈余，或者确认为任何其他属于所有者权益的资产负债表项目”（AICPA，1959a）。之后，CAP 在 ARB No. 51（1959b）中继续支持所得税的跨期分摊，要求除非是分布在清算免税的子公司盈余或者子公司永久投资的盈余外，母公司要确认对子公司包含在综合收益内未分配盈余的所得税。

（2）所得税会计理论的发展

在 20 世纪 50 年代，CAP 逐渐要求在财务报告中列示递延所得税。随之而来的是有关所得税会计方法理论和实务文章的激增。经过多年的争论，关于所得税采用部分分摊还是全面分摊，所得税会计处理方法是采用税后净额法、递延法还是债务法的论证已经非常成熟。正如 Graham（1959）指出，有关所得税分摊能说的一切几乎都被说完了。以下表 2 - 2 列示了各种所得税摊配方法的代表文献，这些文献中提出的方法在随后几十年被反复讨论和总结。

表 2 - 2　支持各种所得税会计分配方法的代表文献

	CAP 时期（1936 - 1959）	APB 时期（1959 - 1973）	FASB 时期（1973 - 至今）
不进行分摊	Hill（1957） Davidson（1958）	Johnson（1961） Miller（1962）* Fremgen（1963） Drinkwater & Edwards（1965）	Rosenfield & Dent（1983）
部分分摊**	Powell（1959）		Wheeler & Galliart（1974） Nair & Weygandt（1981） Chaney & Jeter（1989）
税后净额法	Dohr（1959）	Drake（1962） Raby & Neubig（1963） Bierman（1963）	Bierman & Dyckman（1974） Defliese（1983）
递延法	MacPherson（1954） Shield（1957）*** Graham（1959）	Hicks（1963）	Rosenfield（1990）
债务法**	Moonitz（1957）*** Sands（1959）	Nurnberg（1969）	Nurnberg（1987）
递延所得税作为权益		Jaedicke & Nelson（1960） Keller（1962）	

续表

	CAP 时期（1936－1959）	APB 时期（1959－1973）	FASB 时期（1973－至今）
组合方法		Trumbell（1963） Grady（1964） Perry（1966） Black（1966）	Gilles（1976） Graul & Lemke（1976） Schwartz（1981） Arthur Andersen & Co.（1983） Wyatt 等（1984） Kissinger（1986） Bierman（1990）

注：本表借鉴 Schultz and Johnson（1998）编制。另外，* 表示该文献也考虑接受全面分摊。** 表示部分分摊的支持者大多数赞成所得税会计采用债务法。*** 表示该文献认为要么支持债务法，要么支持递延法。

Moonitz（1957）和 Shield（1957）这两篇文章奠定了很多基本理论概念和观点的基础。Moonitz（1957）区分出了永久性差异和时间性差异。永久性差异不会产生税收调整问题，因为它只会影响应税收益与财务报表收益中的一方，而不会同时影响两方面。但是，对于时间性差异 Moonitz（1957）主张让“所得税跟随收益走”的匹配。Moonitz（1957）和 Shield（1957）确定出四种不同的时间性差异。Shield（1957）根据所得税的影响在前或者在后将这些差异进行了二分，得出四种时间性差异。在该文中，税收确认在会计前的交易被划分为“税收前账面后”（Tax Earlier－Book Later，TEBL）差异，而那些税收确认在会计后的交易被划分为“账面前税收后”（Book Earlier－Tax Later，BETL）差异。如表 2－3 所示：

表 2-3　　时间性差异的划分

	税收前账面后（Tax Earlier - Book Later，TEBL）	账面前税收后（Book Earlier - Tax Later，BETL）
收益（revenues）	例如：提前收到收入 递延所得税借方余额	例如：分期销售 递延所得税贷方余额
费用（Expenses）	例如：折旧 递延所得税贷方余额	例如：保修费用 递延所得税借方余额

上表 2-3 中，“税收前账面后”（Tax Earlier - Book Later，简称 TEBL）对应的收益，是在企业提前收到收入的时候会产生，企业在应税利润中确认收入的时间比在账面中确认的时间要早。于是，企业在会计处理上将支付的所得税借记“递延所得税”账户。之后，当这笔收入被会计上确认并在财务报表中报告时，企业在会计处理上减少递延所得税借项、增加所得税费用。TEBL 对应的“费用”，是在税法计算折旧的速度快于账面计算的折旧时会产生，或者一项资本性支出在税法看来是费用性支出的时候，应税利润对费用的确认比会计账面确认得早。当这些费用按税法用来抵减应税收益时，所得税的减少将引起递延所得税贷记。随后，当企业在财务报表中确认这些费用时，会减少递延所得税贷项金额，也会减少所得税费用金额。“账面前税收后”（Book Earlier - Tax Later，BETL）对应的收益，是在会计账面上确认的时间比在税收确认的时间要早的时候会产生，也即当一项分期销售在会计上按照权责发生制进行确认而在税法上按照收付实现制进行确认，或者一项长期建造合同在会计上按照完工百分比法确认而税法按照合同完成法进行确认时会产生。当会计上确认收入时，相关的所得税费用也进行确认，与之相应的贷记递延所得税。当这项收入被税法确认时，应纳所得税额增加、递

延所得税贷项金额减少。BETL 对应的费用，是在会计利润的确认比应税利润确认早时会产生，即当预期费用（为产品维修，递延的补偿，坏账等）在会计上按权责发生制确认而税法上按现金流量制确认时产生。当预期费用在会计账面上确认时，所得税费用减少，导致递延所得税被借记。当这项费用实际支付时，应付所得税和递延所得税借项均减少。

以上四种时间性的差异得到普遍认可。Moonitz（1957）提出，在“TEBL 费用”案例中形成的递延所得税贷项，不如在“BETL 收益”案例中形成的重要。因为在“BETL 收益”案例中的收益在税法上还没有被确认，而在“TEBL 费用”案例中费用的扣除在税法上已经确认了。虽然 Moonitz（1957）提倡在四种情况下都用当期所得税率衡量递延所得税，但是由于未来应税利润和未来所得税率都未知，所以他赞同将不确定性引入递延所得税的衡量。Shield（1957）类似地指出了 TEBL 和 BETL 两种案例衡量方式的不同，即：在税法确认在前的情况下，所得税的影响金额确定已经发生了……在税法确认在后的情况下，所得税对未来影响的金额只能够被估计。

各种有关递延所得税性质的讨论再次出现。Hill（1957）指出，一些会计师反对所得税跨期分摊，他们认为根据会计账面收益计算所得税费用是“制造一个没有意义的数据，没有描述任何过去、现在或者未来的资金用途。”由于递延所得税不是真的代表当前应付的金额，或者从任何企业的应收账款，所以一些会计师提出，递延所得税应该被认为是递延贷项而不是负债或者权益。根据 Graham（1959），递延所得税应该被理解为是一项所得税费用信用延期至未来期间，而不是一项所得税负债支付的延期。在这个概念下质疑相关的未来应税收益和未来所得税率都是不合适的。

对各种所得税会计处理方法支持的文章也层出不穷。Mac-

Pherson（1954）支持递延法，认为如果所得税率降低，或者在以后年度不存在应税收益，或者在应计提折旧的资产中增加的所得税由于投资的持续扩张而被无限期延，又或者企业的交易不再继续，在这些情况下税法上要求采用加速折旧将不会导致未来期间形成所得税负债。还有一些会计师认为采用债务法优于采用递延法，如 Sands（1959）认为递延费用和递延贷项的产生否定了会计的一项基本前提，即资产减去负债等于所有者权益。税后净额法也有相应的拥护者，如 Dohr（1959）认为税后净额法是最简单、直接、实际的、可理解的方法。然而，CAP 的一位委员 Powell 并不支持税后净额法，因为税后净额法是将折旧资产的账面价值建立在公司的盈利能力的基础上。Powell 也反对所得税跨期分摊，除非是必须避免一项明显的利润扭曲，或者在将发生重大的、不重复发生的 BETL 收入的情况下。Davidson（1958）反对在折旧案例中基于稳定或增长公司的折旧总额差异不确定反转。Davidson（1958）与 Hill（1957）对所得税问题进行了争辩。Graham（1959）反对这些论证，因为根据这些论证的逻辑结论，老的负债将永远被新的负债所替代，因此，企业就不需要确认任何负债。

综观 CAP 时期所得税会计理论的发展，这一时期最大的贡献在于关注并重视所得税会计理论问题的研究，并挑起了各种理论问题的争论。CAP 在成立初便关注了所得税会计问题，引发了理论界与实务界对各种理论问题的讨论和争论，但是由于 CAP 处在二战较为特殊的历史背景下，使得很多业务的处理各有其特殊性。对此，CAP 发布了一系列的会计研究公报进行规范。但是正由于规范太多、太散而造成理论不一致、重复或遗漏等问题，使得实务界对所得税会计处理较为混乱，同时引起各方对 CAP 研究公报的不断批评。

2.1.2　APB 时期（1959～1973 年）：争论的持续

Carey（1970）指出，CAP 被批评采用零碎的方法来构建会计原则，而且一些特殊的问题只有在出现后 CAP 才进行考虑。比如：一些特殊的问题在很多不同的 ARB 中出现多次，而各研究公报之间几乎没有关系，于是导致实务中各种不同的解释。此外，很多 ARB 规定允许有例外情况，这又使得很多企业自由地偏离 CAP 的规范，并且能够找出合理的理由。最后，来自 SEC、高校、分析师、媒体和 CAP 本身内部的压力要求改革，要求会计盈余有一定的可比性（Carey，1970）。AICPA 对此进行回应，提出组建一个会计研究机构来检查基本的假设和确定一般公认会计原则（Jennings，1958）。随后，AICPA 在 1959 年让美国会计原则委员会（Accounting Principles Board，以下简称 APB）和半自治的会计研究部（Accounting Research Division，简称 ARD）取代了 CAP，由 APB 根据 ARD 的研究来发布会计原则（Carey，1970）。

APB 在其发布的第 1 号意见书（1962）中扩展了 ARB No. 44（修订）对时间性差异的要求。之后，SEC 在 ASR No. 85 中正式提倡对所得税全面分摊，要求无论什么时候税法规定扣除的成本比会计扣除要快，都要求确认递延所得税。SEC 允许要么借记所得税费用、贷记一项非权益的资产负债表账户，要么借记折旧费用、贷记累积折旧。

（1）有关所得税会计理论问题的争论

在表 2－2 中学者们反复争论和总结的观点，在 20 世纪 60 年代的早年有所改进。Miller（1962）同时考虑部分分摊和全面分摊的观点，认为对于递延所得税的问题之所以还不能够得到解决，是因为缺乏一份对基本理论问题的一致意见。Jaedicke 和 Nelson（1960）和 Keller（1962）提出将“递延所得税贷项”看作是政府投入企业的资源。然而，Keller（1962）指出这是一项不规则的投资，因为没有预期会有利息或股利支付。

Drake（1962）和 Bierman（1963）选择对折旧采用税后净额法，并且发起了一场关于所得税分摊与折旧现值关系的讨论。Raby 和 Neubig（1963）相信潜在的问题是资产的计税基础和资产的账面价值存在差异，并认为资产在税法和会计上有不同的确认基础，对此税后净额法适用于所有情况。Johnson（1961）反对所得税分摊，因为"递延所得税贷项"既不是负债，又不是权益。Fremgen（1963）和 Drinkwater 和 Edwards（1965）也反对所得税的跨期分摊，他们认为不该把匹配原则应用于所得税，并提出企业主体理论的观点，认为所得税并不是一项费用。然而，Hicks（1963）基于匹配和持续经营概念，支持所得税的跨期分摊。他支持递延法，指出递延所得税根据初始期的所得税率计算是合适的，因为所得税分摊是一个递延当期所得税减税到未来年份的过程，而不是一个提供未来所得税负债的过程。但 Nurnberg（1969）提出，递延法是不合正轨的债务法，因为基本的会计等式不承认多种混杂的递延贷项和费用的存在。Nurnberg（1969）赞成将递延所得税分类为负债和资产放在资产负债表中，但是在衡量它们的时候却要使用最初发生时期的所得税率。

（2）组合衡量方法被提出

在 20 世纪 60 年代和随后的数十年，一些组合衡量递延所得税会计的方法被提出。表 2 -4 在表 2 -2 的基础上进行扩展，描述了各种不同方法的支持者所提倡的组合衡量方法。Trumbell（1963）考虑了"递延所得税贷项"的来源，然后得出负债在分期销售的例子中存在，但是却在折旧的案例中不存在。关于 BETL 收益，他推断应税收益将源于对已确认的应收账款的征收。然而，对于 TEBL 费用，应税收益将仅仅源于应折旧资产的未来处置。所以，递延所得税负债是由已经发生的分期销售所产生，而不是由折旧产生。

表 2－4　　有关所得税会计的组合方法

支持者	提倡的方法	
Trumbell（1963）、Bierman（1990）	债务法 BETL 收益*	税后净额法 折旧
Grady（1964）	债务法 BETL 费用	递延法 所有其他的时间性差异
Perry（1966）、Gilles（1976）、Arthur Andersen & Co.（1983）2nd rule Wyatt et al.（1984）	债务法 BETL 差异	税后净额法 TEBL 差异*
Black（1966）	债务法 递延所得税贷项	递延法 递延所得税借项
Graul & Lemke（1976）	债务法 管理的差异 （ADMINISTRATIVE DIFFERENCES）	权益 经济诱因（ECONOMIC INCENTIVES）
Schwartz（1981）	债务法 短期性差异（SHORT－TERM DIFFERENCES）	权益 长期性差异（LONG－TERM DIFFERENCES）
Arthur Andersen & Co.（1983）1nd rule	债务法 不相关的资产负债表账户	税后净额法 相关的资产负债表账户
Beresford et al.（1983）	债务法 BETL 差异	递延法 TEBL 差异
Kissinger（1986）	债务法 收益	税后净额法 费用

注：本表根据 Schultz and Johnson（1998）编制。* 缩写词 BETL 代表账面前税收后（book－earlier and tax－later），TEBL 代表税收前账面后（tax－earlier book－later）。

1964 年税法降低企业基本税率，从 52% 降低到 50%，此后降低到 48%。所得税税率变化使递延所得税余额的调整问题再次被讨论起来。Grady（1964）认为只有与 BETL 费用相关的递延所得税余额需要对税率变化进行重述，因为它们可能不会覆盖很长的时期，不一定包含重复的交易，可能能够相当精确的估计，但是税收的影响是代表对未来而不是对当期纳税影响的估计。这里的总结忽视了一些事实，即企业可能重复发生坏账和保修费用，而只单独报告分期销售。Perry（1966）阐明和扩展了 TEBL 和 BETL 两种交易间的差别，以及使用与交易相关的不同所得税率和不同的资产负债表账户。该文推断，应税收益或费用将在 BETL 差异反转的时候出现，所以相关的递延所得税应该被报告为负债或者资产。对于 TEBL 差异，Perry（1966）认为计税收入在当期没有导致一项应收所得税，扣除费用在当期也不会产生一项应付税款。所以他们自身并没有资格作为一项资产和负债，Perry 认为由 TEBL 差异引起的递延所得税在税后净额法下是作为估价备抵（valuation allowances）。而且，他认为以税后净额法为基础报告应折旧资产能够防止得出错误的结论，即递延所得税是政府投资给企业的一项资源。

APB 第 6 号意见书（1965）限制了可用方法的范围，税后净额法的使用被缩减，即：规定递延所得税计算方法要么使用递延法，要么使用债务法。在 20 世纪 60 年代中期，为了使财务报告更具一致性，SEC 给 APB 施加越来越大的压力。Carey（1970）指出在 APB 能够解决所得税问题之前，SEC 就在企业的报告中采取了缩小差异的限制性行动。在 ASR No. 102（1965）中，SEC 要求将与分期收款有关的递延所得税划分为负债。

Black 所做的系列会计研究为 APB 对递延所得税的审议做好了准备。Black（1966）指出，对于递延所得税会计处理方法的持续争议来自于会计研究公报（ARBs）的多样性解释。CAP 没有清楚说明所得税的分摊应该是对所有的时间性差异分摊还是对部分时间性差异进行分摊，而且 ARBs 提供了一种以上的所得税分摊方法。正如 Steiner（1961）对近 400 份年报中的递延所得税处理方式进行了回顾，发现所得税分摊经常是用不清楚的方式带着混乱的术语来进行处理。Black（1966）将所得税是一项费用要被分摊当做是一个假定，检查了支持和反对三种基本方法和组合方法的理由，反对用不确定的延期法来赞同部分分摊法，而是认为跨期分摊应该用全面分摊法。Black（1966）发现税后净额法是不可接受的方法，而是提倡一种组合的方法，即对递延所得税贷项用债务法，而对递延所得税借项用递延法。因此，Black（1966）和 Perry（1966）均认为 BETL 收益导致的递延所得税负债应当用未来税率衡量。有所不同的是，Black（1966）认为，折旧时间性差异导致的负债应当基于未来税率衡量，而 BETL 费用造成的当期所得税支付应当用当期税率衡量。而 Perry（1966）提出 BETL 费用引起的未来所得税节余（tax savings）应当使用未来税率衡量，而 TEBL 费用引起当期所得税节余应当使用当期税率衡量。

（3）APB 发布《意见书第 11 号：所得税的会计处理》

1967 年，APB 发布了《意见书第 11 号：所得税的会计处理》（1967），决定采用递延法。尽管 APB 在意见书中对其他三种基本的递延所得税会计处理方法进行了讨论，但是第 11 号意见书中没有提到任何组合的方法。在考虑所得税问题的时候，Defliese（1991）回顾认为 APB 无望分离出哪种基本原理来应用于所得税分摊。APB 第 11 号意见书以 14 票赞成，6 票反对的投票结果通过。反对者针对不采用部分分摊而采用全面分摊的要求作为他们的主要关注点。根据 Arthur Andersen（1983），有些

APB 的委员偏向于采用税后净额法和债务法，但是这两种方法没有获得三分之二以上的赞成票。递延法作为一种对现实的妥协被选出。

总结 APB 时期所得税会计理论的发展，这一时期对所得税会计理论的相关问题进行了更为充分地讨论和争论，并提炼出了税后净额法、债务法和递延法等几种主要的所得税会计处理方法，还提出了组合衡量递延所得税的几种方法，最后 APB 发布第 11 号意见书将递延法确定为唯一的所得税会计处理方法，对会计信息的可比性有较大帮助。但是 APB 决定采用递延法也有很多问题，正如 Perry（1981）指出“递延法不需要将递延所得税费用或贷项认为是应收或者应付（等等）……不要求假定未来税率具有实践优势，当税率变更的时候不用对先前的递延所得税余额进行调整……避免了需要折现的问题……最后，通过在财务报表中展示单独的递延所得税项目的效果，比使用税后净额法展示的结果要简单。”

2.1.3 FASB 时期（1973 年至今）：争论的暂停

APB 第 11 号意见书有效地缩减了所得税会计使用方法的范围，在方法一致性方面取得了进步。但是 APB 仍受到众多批评。Carey（1970）提到没有哪份 APB 的公告逃脱了某些公司或行业集团的异议。根据惠特调研组（Wheat Study Group）的建议，AICPA 于 1973 年让美国财务会计准则委员会（Financial Accounting Standards Board，以下简称 FASB）取代了 APB。同一年，SEC 发布 ASR No. 149，要求上市公司加强对所得税费用组成项目的披露，披露时间性差异的形成原因，以及调和实际税率与法定税率之间差异的项目。

（1）提出新的组合衡量方法

在 FASB 期间，学术上持续有声音支持部分分摊（Wheeler 和 Galliart，1974）的税后净额法（Bierman 和 Dyckman，1974）和组合方法（Gilles，1976）。于是一些新的所得税会计组合方法被提出来。Graul 和 Lemke（1976）区分意图用于经济激励政策的时间性差异（例如，加速折旧）和作为管理便利项目（例如，当现金流量已经发生时的税收收益和费用）的区别。对于来源于经济激励政策差异的税收效应，被认为是一项建设性的资金资源，它将会被贷记权益。而对于来源于管理便利政策差异的税收效用将会用债务法。Schwartz（1981）认为，长期时间性差异的税收效用，其反转的时间是不确定的（比如折旧），因此可将其看作是来自政府的无息贷款。而短期时间性的税收效用（比如分期销售），可将其看作是负债。Kissinger（1986）提倡对两种收益案例采用债务法，而对于两种费用的案例则采用税后净额法。Arthur Andersen 和 Co.（1983）发现对于所得税会计"希望有一种单一的、独有的理论是不必要和无保证的想法。"他们基于两种规则的观点支持一种组合的方法。第一种规则将对与特殊资产或负债相关的差异采用税后净额法，而对与特定资产负债表账户不相关的时间性差异采用债务法。第二种规则表现了 Perry（1966）的方法。Ernst 和 Whinney，Beresford 等（1983）报告了一种变化了的 Perry 的方法，即对 TEBL 差异应用递延法，而对 BETL 差异应用债务法。

会计师继续确认所有不相同的时间性差异。如表 2－4 中显示，虽然每种组合提议方法是基于一种不同的原理，但是任何三种会导致这样的结论，即在分期销售案例中出现负债的结果，但在折旧案例中不会出现（Grady，1964；Black，1966）。Moonitz（1957）和 Trumbell（1963）在之前已经区分了这两者的不同，即在分期销售事件中触发的负债已经发生了，而在折旧事件中负债还没有发生。

（2）运用 APB 第 11 号意见书的修订版

在 FASB 的早期，应用了多种多样 APB 第 11 号意见书的修订版。SFAS No. 9（1975）将跨期分摊扩展到石油和天然气公司的开发成本。在 1976 年，SEC 的会计公告（Staff Accounting Bulletin，SAB）第 8 号[①]谨慎地建议，只有未来的税收收益很可能实现时才能记录递延所得税费用。FASB 第 22 号解释（1978）限制了在 APB 第 23 号意见书中提到的不确定反转的特殊项目的应用，但是 SFAS No. 31（1979）又扩展了 U. K 税收扣除概念。SFAS No. 37（1980）对 APB 第 11 号意见书进行了修订，要求与特殊资产或负债无关的递延所得税根据预期反转日期进行分类。

但过了一段时间 APB 第 11 号意见书又被放弃了使用。根据一份对职业准则的回顾和 1975 年的年度报告，Ditkoff（1977）总结为："所得税会计现在是一个令人眼花缭乱的理论异象混杂物。在大多数财务报表中……当期所得税负债，一个证实性的期间运营的所得税结果，不能够被决定。"部分分析师对递延所得税余额性质的解析也出现普遍分歧（Wheeler and Galliart，1974；Arthur Andersen 和 Co.，1983）。同时，递延所得税贷项在企业的资产负债表上不断增长，并且与资产和权益相比较起来变得越来越重要（Davidson 等，1977、1984；Beresford，1982；Skekel 和 Fazzi，1984）。批评者认为，这个领域的职业公告很难让人理解，因为它们存在很多不一致性，并且还受到很多不同解释的管制（Beresford 等，1983）。此外，APB 第 11 号意见书与最近采用的 U. K. 和国际会计准则所允许的部分分摊和可选的方法不一致。一些会计师认为，1980 年的第 3 号财务会计概念公告

① 在 SAB 第 40 号第 5C 个主题中进行了重申。

(Statement of Financial Accounting Concepts, SFAC) 将递延所得税费用和贷项排除在资产和负债的定义之外。对此，FASB 应当让债务法和税后净额法都与公告中的定义相一致。而 APB 第 11 号意见书中规定的递延法是不适合公告中的定义的（SFAC No. 3）。根据 Beresford（1982），将加速成本回收制（Accelerated Cost Recovery System，ACRS）作为了 1981 年税制的一部分，这项改革最终迫使 FASB 重新考虑递延所得税会计问题。在 ACRS 下，大多数折旧资产的回收期限是 3 到 15 年。这个缩短的期限意味着那些以前对会计和税法上采用相同折旧方法的企业已经不能够再使税会保持一致了，这些企业必须提供由折旧产生的递延所得税。1981 年，税制扩展使净经营亏损的结转年度可到 15 年，这影响了结转收益实现的可能性。

（3）发布《财务会计准则公告第 96 号：所得税的会计处理》(SFAS No. 96)

1982 年，FASB 将所得税会计问题提上日程。各种各样的最优递延所得税方法又被理论界推出。Rosenfield 和 Dent（1983）指出要取消递延所得税。Defliese（1983）支持税后净额法。Nair 和 Weygandt（1981）偏向于部分分摊和债务法。Wyatt 等（1984）和 Arthur Andersen 和 Co.（1983）主张支持 Perry 的组合方法。FASB（1986）最终发布了一份征求意见稿，支持全面分摊下的资产负债表债务法。在同一年，企业所得税率从 46% 降到了 34%。Nurnberg（1987）指出，税率的改变对于债务法来说，要求企业减少递延所得税贷项来反映税率的降低，相应地增加了收益。这毫无疑问使 FASB 提出的使用资产负债表债务法的提议得到了商业界的支持和欢迎。FASB 在 SFAS No. 96（1987）中指出，资产负债表债务法与概念框架中资产和负债的定义相符合，它将会提供最有用和最可理解的信息。对资产负债表债务法的选择体现了一种转变，即从递延法下对配比原则和利润表的关注转变为对资产负债表的关注（Wolk 等，1989）。Parks（1988）指出，对资产负债表的概念偏好，与 FASB 近年来发布的其他准则的趋势相吻合。

FASB 反对税后净额法，指出该方法下的每一项资产或负债的税收效应都有一定的问题，以及企业总体税收状况让人难以理解。递延法则由于不符合概念框架中关于资产和负债的定义而被拒绝。所得税的组合方法也被拒绝，一方面是因为税后净额法和递延法作为单独的方法已经被否定，另一方面是因为组合方法的复杂性增加，会导致资产负债表混乱（SFAS No. 96）。

SFAS No. 96 引进了暂时性差异的概念，它不仅包括了 APB 第 11 号意见书中的时间性差异（由于税法和会计对收入或费用的确认时期不同所致），也包括了其他情况下将引起资产、负债的计税基础和账面价值不同所产生的差异。这些差异可能来自于企业购买合并时资产价值被调整，或者当税法允许资产价值与通胀挂钩等。1969 年，AICPA 对第 11 号意见书的第 8 号会计解释（Accounting Interpretation）进行总结，永久性差异也来自资产的账面价值与计税基之间的差异。SFAS No. 96 认为所有的差异都是暂时性差异。所以，在 SFAS No. 96 下，不管是 BETL 差异和 TEBL 差异所产生的项目，或者是一些会计师认为的在折旧基数（depreciable basis）中的永久性差异，都可用递延所得税负债或资产体现出来。

FASB 认为暂时性差异要么会是应纳税暂时性差异，其将产生递延所得税负债；要么会是可抵扣暂时性差异，其将产生递延所得税资产。SFAS No. 96 指出，递延所得税负债或资产的确认和计量不应该假定任何未来年份应缴纳或应抵扣的金额，因为这些项目在当年末的财务报表中并没有被确认。因此，可抵扣暂时性差异的税收收益和净经营亏损带来的向以后年度抵扣（carry-forwards），只有在能够抵消未来反转的应纳税暂时性差异的范围内才能确认，或者通过将亏损向以前年度结转（carryback）能抵消以前年度的应纳税收益时才能确认。由于来源于其他资源的未来应纳税收益不能被假定，所以企业必须准备一份假设的纳税申报表来记录和安排暂时性差异在每年的反转。在一份特殊的报告中，FASB 的管理人员对特定的暂时性差异的决定反转模式（determining the reversal pattern）提供了指导（Simpson 等，1987）。

SFAS No. 96 仅以 5 票赞成被采用。反对者主要关注的问题是对确认递延所得税资产确认的限制。企业也反对递延所得税负债和资产在确认上缺乏对称性，即确认所有的递延所得税负债，但是不确认所有的递延所得税资产。在 SFAS No. 96 发布以后，委员会开始受到各种要求，要求其改变递延所得税资产的确认标准，以用于预测未来收益的所得税影响，以及减少制定暂时性差异未来反转时间表的复杂性（SFAS No. 109）。由于对 SFAS No. 96 产生了种种争议，所以它的生效日被 SFAS No. 100（1988）、SFAS No. 103（1989）和 SFAS No. 108（1991）宣布延迟。

实务界和理论界的期刊文章描述了 SFAS No. 96 的应用，并批评了它的复杂性，称之为死板的、机械的所得税会计处理方法（Parks，1988；Knight 等，1989）。虽然 SFAS No. 96 对于递延所得税资产的规定不同于递延所得税负债，但是它没有区分开 BETL 和 TEBL 差异。Parks（1988）指出，不确认 TEBL 的递延所得税资产是违法直觉的，因为这些资产代表递延所得税费用，它应该被分摊到以后期间用于匹配财务报告的收益，资产的实现不是一个直接相关的考虑。FASB 应该对概念进行区分，即哪些递延所得税资产是要求在未来应税收益中实现的，哪些是代表当期要支付的递延所得税。

会计学者们继续建议采用FASB资产负债表债务法以外的其他可选的方法。Wolk等（1989）抱怨SFAS No. 96忽略了经验性证据表明的一个影响深远的部分，即永久性的递延所得税债务的发生频率要比实际支付的频率要多。Chaney和Jeter（1989）倾向于采用部分分摊，因为资产负债表上的递延所得税负债更加符合FASB做出的定义。Bierman（1990）指出，FASB使用的所得税扣除其隐含假设，是由重要事件产生一项所得税负债…但是在折旧资产被销售交易转换为现金或应收账款之前，是没有所得税负债的。他继续倾向于在折旧案例中采用税后净额法，但也承认在分期销售案例中递延所得税负债应该被确认。Defliese（1991）也发现，税后净额法更容易适用于当前的概念框架。另一方面，Rosenfield（1990）倾向于选择递延法而不是采用债务法，虽然递延法不符合概念框架，但是它仅代表一种尝试。因此，相同的争论又重复在实务界和理论界的期刊中出现，而且也没有得出明显一致的最优所得税会计处理方法的结论。

（4）出台《财务会计准则公告第109号：所得税的会计处理》（SFAS No. 109）

FASB在SFAS No. 109出台前发布了征求意见稿，认为SFAS No. 109比第96号公告有重大的改进，因为它涉及了原来关心的复杂性问题和限制确认递延所得税资产的问题（Stepp and Petzing，1991）。随后，SFAS No. 109（1992）被获得全票通过，最终取代了SFAS No. 96。SFAS No. 109保留了全面分摊和资产负债表债务法，但是显著地放松了对递延所得税资产的限制和对未来应缴纳和应抵扣金额的详细计划列表要求。在SFAS No. 109下，企业将对全部的应纳税暂时性差异计算递延所得税负债，对可抵扣暂时性差异计算递延所得税资产，还有对经营亏损和所得税贷项结转以后年度抵扣（carryforwards）。然后，递延所得税资产会被估价备抵（valuation allowance）降低。如果根据可实现证据的程度，更可能（大于 50% 的可能性）一部分或全部的递延所得税资产将不会被实现，应该对递延所得税资产提足够的估价备抵，到递延所得税资产很可能实现的金额（SFAS No. 109）。

递延所得税资产的实现将依据于在亏损向以前年度结转（carryback）和结转至以后年度抵扣（carryforward）期间有足够的应纳税收益存在。不像 SFAS No. 96，SFAS No. 109 没有阻止考虑未来应纳税收益的来源，除了存在暂时性差异的反转。如果企业能够提供确定的证据来支持未来有应纳税收益的假设，就不需要提供应纳税暂时性差异的反转时间计划。当企业有负面证据时，比如近期的累积亏损，如果有适当的、确定的证据（例如有销售订单），就可以证明其不进行估价备抵的处理是正当的。因此，在 SFAS No. 109 中要求企业对正面和负面证据的相关影响进行大量的判断，这又增加了需要考虑不同类型证据的可证实性问题。

SFAS No. 109 的目标是确认当年应支付或可退还的所得税金额，以及已经在企业的纳税申报表或财务报表中确认的、预期会影响未来所得税项目的递延所得税资产和负债。递延所得税根据所颁布的税法来衡量，以及调整税法或税率变动时的影响。所得税费用等于当期应付所得税或可退还的所得税，加上递延所得税费用或者当年递延所得税资产和负债的变动金额。

为了分类，SFAS No. 109 恢复 APB 第 11 号意见书的规则。即递延所得税被考虑流动或不流动时，根据与暂时性差异有关的资产负债表账户进行分类，而不与资产负债表账户相关的递延所得税金额，将会根据暂时性差异的预期反转时间来分类。与此相比较，SFAS No. 96 是要求所有的流动或非流动的递延所得税根据反转的时间来进行分类。SFAS No. 109 最后删去了全面分摊的例外情况，即 APB 第 23 号意见书中基于预期的基础有不确定反转状况的例外情况。在 SFAS No. 96 发布之前的征求意见稿中，FASB（1986）曾努力消除这些例外情况。但是，投票人的评论导致委员会调整了立场，允许这些例外情况继续出现在 SFAS No. 96 的最后版本中。在 SFAS No. 109 发布之后，Perry 和 Simpson（1992）对 SFAS No. 109 的应用问题提出了一份特别的报告，还有一些特殊的所得税会计问题在许多文章中提到，包括几个 1993 年税法的规定。

随着各种争论最终被 SFAS No. 109 平息，美国 GAAP 下最优的所得税分摊方法的规范性争论也随之退潮。随后发表的文章更多是关注于 SFAS No. 109 规定的应用（Read 和 Bartsch，1992；Leahey，1993；Petree 等，1995），以及评估其对随后的会计准则的影响（Cocco 等，1994；Munter 和 Ratcliffe，1996）。之后，学术期刊的文章越发聚焦于将递延所得税问题用于实证研究。

综观 FASB 成立至今所得税会计理论的发展，企业、准则制定机构和学术机构的代表依旧对多种所得税会计处理方法反复讨论和争论，但是没有哪一方团体主宰了这些争论。最优的、一致的所得税会计处理方法一直都没有演变出来，FASB 最终选择资产负债表债务法，实际上是在其构建的财务报告概念框架的约束与指导下达成的结果。

2.2 所得税会计处理方法的比较

Graham 等（2011）认为，所得税会计已成为近年来最活跃的会计研究领域之一。国内外有关所得税会计的研究，主要集中以下几个方面：①所得税会计处理方法的比较（Ayers，1998；盖地和刘慧凤，2008 等）；②所得税会计信息的定价研究（Ayers，1998；陈丽花等，2009 等）；③利用所得税会计项目进行盈余管理（Bauman 等，2001；Krull，2004；邹舢，2006；Frank 和 Rego，2006；Blouin 等，2010 等）；④税会差异与盈余质量、盈余管理、所得税避税行为的研究（Lev 和 Nissim，2004；Hanlon，2005；戴德明和沈梦溪，2005；叶康涛，2006；伍利娜和李蕙伶，2007 等）；⑤税会协作（戴德明和周华，2002；李心源和戴德明，2004；戴德明、张妍和何玉润，2005；McClelland 和 Mills，2007；Hanlon，2009 等）。由于本书的研究重点是所得税会计处理方法及其生成的信息对企业利益相关者决策的影响，下面的文献回顾仅限于与本书直接相关的文献。具体包括以下几个方面：不同所得税会计处理方法的比较、所得税会计信息的价值相关性、所得税会计信息与盈余管理、所得税会计信息对其他利益相关者的有用性。

在学术研究上，我国早期有关所得税会计的研究集中在所得税的本质与属性、所得税会计的模式、应税收益的计算、所得税的跨期摊配等基本理论的探讨与具体核算方法的比较与评价方面（如冯淑萍和应唯，1993；李平，1993；刘扬新，1994；郭喜荣，1995；林钟高，1995；曲晓辉，1996；王竹泉，1997；）。随后，实证研究方面的文献逐渐增多。刘斌等（2005）采用 2002 年我国上市公司年报数据对所得税会计政策选择的动因进行研究，研究发现：规模较大的国有控股上市公司、资产负债率越高的企业、经理人员的报酬和企业业绩挂钩的企业更可能进行收益平滑，因此越有可能采用纳税影响会计法。关于资产负债表债务法的采用，盖地和刘慧凤（2008）认为是资本市场导向促使财务会计转向资产负债观，而资产负债表债务法正是 FASB 和 IASB 会计准则制定理念的体现，因此在会计准则持续趋同的大背景下，我国现行准则 CAS 18 也选择了资产负债表债务法。

在所得税会计处理方法的比较方面，Ayers（1998）研究了财务会计准则公告第 109 号（SFAS No. 109）中规定采用的资产负债表债务法相比 APB 第 11 号意见书（APB Opinion No. 11）中采纳的递延法是否具有增量的价值相关性，其研究结果证明在 SFAS No. 109 采用资产负债表债务法、取消 APB Opinion No. 11 规定的递延法是合理的。陈丽花等（2009）对 2007 年沪深 A 股上市公司的报表数据进行研究，发现基于资产负债观的、按资产负债表债务法生成的递延所得税资产和负债信息能提供增量的价值相关性。王小鹏（2011）以 2006 年 A 股上市公司为研究对象，考察不同所得税会计处理方法下的信息含量，其研究结果发现，按照 CAS18 的规定采用资产负债表债务法生成的所得税会计信息，相比应付税款法、递延法和利润表债务法有增量信息含量。

然而，也有研究者对于我国所得税处理方法的选择有不同的观点。许善达和盖地（2005）通过使用调查问卷的方式进行研究发现，综合考虑所得税会计处理方法理论上的合理性、现实的可行性以及节省税收和会计成本等因素，应付税款法是最佳方法。邹舢（2006）也认为，在当前我国会计环境下纳税影响会计法在提高会计信息质量方面的作用可能有限。周华（2011）对递延所得税进行了质疑，认为递延所得税的计算规则缺乏理论依据和实践基础，因此，应当严格遵循依法记账原则，采用应付税款法记载其真实纳税额，同时在附注中披露会计处理与税收法规之间的主要差异，不得在报表中提供主观预期数据。由此可见，对于我国所得税会计处理方法的选择问题是存有争议的。

2.3　所得税会计信息的价值相关性

一些早期的论文或多或少地关注了递延所得税项目的价值相关性问题。Beaver and Dukes（1972）检验发现，用包含有递延所得税项目计算的盈余指标相比用不包含递延所得税项目计算的盈余指标与市场回报有更高的相关性。Rayburn（1986）发现，应计所得税项目比现金流量，给市场提供了增量的信息含量。类似的，Chaney and Jeter（1994）发现包含有递延所得税项目计算的盈余比不包含递延所得税项目计算的收益能给市场提供增量的信息含量。

对于市场是否对递延所得税项目进行定价的研究近期集中在两种方法，第一种是在 Amir 等（1997）、Ayers（1998）、Amir 和 Sougiannis（1999）和 Dhaliwal 等（2000）中使用过的水平模型进行研究。这些研究包括一些将市场质量指标作为因变量，将递延所得税项目（同时还包括一些其他的资产负债表项目）作为解释变量。一般的结论是发现，除了估价备抵项目，市场均对递延所得税项目进行了定价。对于市场是否对股价备抵进行定价的证据是不一致的。此外，Amir 等（1997）检验，市场是否对递延所得税项目有不同的定价，取决于他们可能什么时候反转。他们研究认为，虽然市场基于结转可能性和时间长度会低估递延所得税项目，但是这些项目依然会被市场定价。有趣的是，Dhaliwal 等（2000）在检验市场是否会对表外的递延所得税负债项目定价时，发现市场不会对表外的递延所得税负债项目定价。

有一点值得关注的事实是：由于多数文献中并没有对会计和准则制定提供理论描述，所以递延所得税项目的价值相关性作用很难从这些文献中推理成立。此外，Holthausen 和 Watts（2001）指出了这些文献中所用模型的缺陷和一些计量问题。还有文献中都使用的是自 SFAS No. 109 颁布以后的几年（特别是 1992、1993 和 1994 年）的表内递延所得税项目数据，造成这些研究存在一些的普遍性问题，即在研究期间内的样本规模小，市场可能并不理解递延所得税项目的信息，而可能还在研究在复杂的报表附注中如何进行定价。

第二种衡量市场是否对递延所得税项目进行了定价的方式是，在税率变更年份检验市场定价是否变更。Givoly 和 Hayn（1992）用 1986 年税收改革法案将企业所得税率从 46% 降低为 34% 的数据（美国原则委员会颁布使用第 11 号意见书时期），检验市场是否对递延所得税负债进行定价。因为 1986 年的税法降低了未来现金流的支出，这将会增加企业的价值。而且，如果市场将递延所得税负债视为真的负债（比如，未来将会支付的所得税），那么企业股价的变动应该是与企业的递延所得税负债金额大小相关（因为这些未来预期的所得税支付将会在企业所得税率降低后减少）。Givoly 和 Hayn（1992）发现，市场的确将递延所得税负债项目认为是负债。特别地，研究样本中的企业超额回报与递延所得税负债的金额正相关，支持了这个假设，即当所得税率下降时市场预期递延所得税金额会降低。他们也发现，对于递延所得税负债不太可能实现的公司以及预计反转时间很长的公司，市场反应相对较小。这项研究的一个潜在问题是没有将非预期盈余作为解释变量。所以，如果非预期盈余与递延所得税项目的变化值（由于所得税率变更）相关，则回归系数的结果是有偏的。

与美国会计原则委员会 1967 年颁布的第 11 号意见书不同，在 SFAS No. 109 下，当企业所得税率变更时，递延所得税账户必须使用新的企业所得税率计算变更当年的余额，并相应地调整同期的会计收益。例如，在 APB 第 11 号意见书下，当企业所得税率从 46% 降低到 34% 时，递延所得税账户是不需要调整的。而如果在 1986 年实行的是 SFAS No. 109，递延所得税负债（资产）项目必须根据降低了的所得税率进行调整，这将会增加（降低）企业当期的收益。

1993 年，企业法定所得税率从 34% 上升至 35%，当年的递延所得税负债（资产）调增，同时当期的收益调减（调增）。Chen 和 Schoderbek（2000）检验分析师（或者投资者）是否在企业公布其盈余前将所得税率的向上变更纳入其预测（或股价）。他们检验的结果发现，分析师或者投资者并没有将税率变更纳入预测或股价，即使分析师和市场应该会基于企业当期的递延所得税项目来调整预期。这样的结果可能是因为部分分析师预测和市场无效，或者是因为 1993 年税率仅仅变更了 1%，导致他们的检验可能没有足够的效力证明其变更的效果。另外，他们检验的样本量太小，只有 158 个，这样也限制了研究结论的普遍性。

总之，有一些研究涉及了递延所得税项目的价值相关性问题。然而，大多数文献的研究是基于价格水平模型的回归，这样的结果根据 Holthausen 和 Watts（2001）的观点，是存在问题的。对于递延所得税项目是否被市场定价，从总的研究解释看，除了部分得到了价格水平模型的研究支持外，仍然是一个未解决的开放性问题。在我国，陈丽花等（2009）对 2007 年沪深 A 股上市公司的报表数据进行研究，发现递延所得税资产和负债能提供增量的价值相关信息。

但是同时也存在一些其他的研究，对递延所得税信息的信息含量问题提出不同的观点。Zeff（1966）认为，在纳税影响会计法下所确认的递延所得税负债和递延所得税资产（递延税款贷项或递延税款借项）都是预期信息。递延税项的计算带有大量的主观性（Moonitz，1957）。因此，把它们列入财务报告有多大裨益，财务报告使用者在多大程度上能理解这些信息所包含的真实信息和预期信息（Nair 和 Weygandt，1981），是值得怀疑的问题（Drinkwater 和 Edwards，1965）。Graham 等（2011）也认为财务报表上的递延所得税项目的信息难以令投资者理解。以上研究说明，递延所得税项目的价值相关性的研究结论存有争议。

2.4 所得税会计信息与盈余管理

关于所得税会计信息与盈余管理的研究，大部分的研究集中在所得税项目的两个特别的领域，即：估计备抵和预计所得税税款[①]。这些研究寻找证据来证明管理当局为了获利某些财务报告而进行盈余管理。总体来说，这些证据说明管理当局会利用这些项目来达到（或击败）分析师预测，而不是达到（或击败）上期盈余或平滑利润。

对于管理当局是否利用估计备抵进行操控盈余，目前是比较复杂的研究证据。没有证据证明估计备抵与盈余平滑相关，然而，此类研究在样本组成和实证改进方面是存在改进空间的（Graham 等，2011）。在管理当局是否利用估价备抵来增加洗大澡的规模的研究中，其研究证据也比较复杂，但 Frank 和 Rego（2006）的研究证明了管理当局没有利用利用估价备抵来增加洗大澡的规模。类似地，在管理当局是否利用估价备抵来避免损失

① 原英文表达：valuation allowance and the income tax contingency.

和达到前期盈余的研究中，此类证据也非常有限。而只有达到（或击败）分析师预测是唯一被一致证明的管理当局利用估价备抵进行盈余管理的目的。对于管理当局是否通过或有税负进行操控盈余，目前尚未得到一致的证据，也只有达到分析师预测是多数被支持的结论。而对于通过操控国外子公司利润的所得税费用进行盈余管理，目前也仅有一些有限的证据解释管理当局是否和为什么利用 APB 23 中提供的选择权进行盈余管理。根据 Krull（2004）的结论，与其他所得税会计研究中关于盈余管理的研究结论类似，即如果递延所得税能使之更好地达到分析师的预测，那么公司更有可能推迟确认差额税率（Graham 等，2011）。

在我国的研究中，刘斌等（2005）用 2002 年我国 A 股上市公司中采用纳税影响会计法的公司数据实证检验发现：政治成本与纳税影响会计法的选用正相关；选择纳税影响会计法与其收益波动程度正相关；簿记成本与纳税影响会计法的选用负相关。邹舢（2006）以 2003～2004 年间 108 家按国际会计准则编制报表的上市公司样本为研究对象，对我国递延所得税信息是否具有检测盈余管理的作用进行考察。其研究结果发现，递延所得税信息对我国上市公司基于维持利润和获得配股资格的盈余管理的检测作用并不明显，检验结果并不支持我国递延所得税会计信息具有检验盈余管理的作用。当然，由于邹舢（2006）的检验方法并未直接针对递延所得税项目，而是通过 Jones 模型进行的间接检验，这样证明所得出的结论有较大的局限性。

2.5　所得税会计信息对其他利益相关者的有用性

Graham 等（2011）指出，税收项目（tax account）除了为

普通使用者提供信息外，还为税收监管部门提供了信息。事实上，税收监管部门很可能是税收项目信息的主要使用者（the primary user of the tax information may be this adversary）。该文还提到一位曾长期供职于 IRS（Internal Revenue Service，美国国内税务局）的退休高级官员曾透露“IRS 使用财务报表信息的程度远超过公众想象”。

然而在学术研究方面，虽然有一些文献曾试图证明财务报表中的税务信息为 IRS 提供了路图（road map），但结果却只找到了极少的证据。例如，从一些较早对 FIN 48 进行研究的文献中可以发现，如 Frischmann 等（2008）的研究，增加信息披露（在这里指 FIN 48）对 IRS 审计师只提供了非常少的信息。因此所得税会计信息对税收监管决策有用方面还需要更多的研究。

根据 Hanlon 和 Heitzman（2010）以及 Graham 等（2011）的总结，目前已有的研究中绝大部分者是针对股票市场参与者对于税务信息的使用。然而，正如 Holthausen 和 Watts（2001）讨论的那样，财务报告的使用者除了股票市场参与者以外，还有其他监管者、私人信贷者、银行、客户和员工等其他使用者。而对于这些使用者，他们是如何看待所得税会计信息的，也是非常值得研究的问题。

2.6 对已有文献的总结与述评

关于所得税会计问题的讨论，起源于 20 世纪 30～40 年代，当 CAP 开始发布职业准则时涉及了所得税会计问题。20 世纪 50 年代，一场争论在实务界和学术期刊中进行，它们关心是否需要对所得税进行跨期分摊，应该在何种程度上分摊，以及哪一种是最好的分摊方法。20 世纪 60 年代，学术界讨论了一些组合的所得税分摊方法。APB 对所得税会计问题进行讨论与研究，并发布了第 11 号意见书。20 世纪 70 年代，出现了新的组合方法，并且对 APB 第 11 号意见书进行了各种修正。FASB 在 20 世纪 80 年代重新考虑了这个问题，并发布了命运多舛的 SFAS No. 96。在 20 世纪 90 年代期间，SFAS No. 96 被 SFAS No. 109 所取代，随之规范性问题的争论开始退潮。

在这数十年中，对于所得税会计多种处理方法的争论被很多会计公司、准则制定机构和学术机构的代表反复讨论和争论，但是没有哪一方团体主宰了这些争论。最优的、一致的所得税会计处理方法似乎一直都没有演变出来，这可能是因为有多种所得税会计方法有效和可选，以及方法在理论上的一致性但在实践中应用的复杂性始终是难以协调的矛盾。美国财务会计准则委员会（FASB）最终选择资产负债表债务法，实际上是在其构建的财务报告概念框架的约束与指导下达成的结果。

之后，国际会计准则委员会（International Accounting Standards Committee，简称 IASC）关于所得税会计准则的制定与修订，主要借鉴了美国的所得税会计准则。IASC 在第 12 号国际会计准则中（简称 IAS 12）（1996）引入了计税基础（tax base）、暂时性差异（temporary difference）等重要概念，要求采用资产负债表债务法，禁止采用递延法。IAS 12（2000）对 IAS 12（1996）进行了部分修改，补充了“股利支付对所得税资产或负债的影响”等内容。我国是从 1992 年开始的会计制度、准则的重大改革步伐。对于所得税会计的规范，由 1992 年以前单一的应付税款法，变革为 1994 年之后对应付税款法、递延法和利润表债务法可选择使用，之后又在 2006 年 2 月发布了《企业会计准则第 18 号——所得税》（CAS 18），取消了应付税款法、递延法和利润表债务法，只允许采用资产负债表债务法进行所得税的会计处理。至此，我国的所得税会计准则（CAS 18）基本实现了与国际所得税会计准则 IAS 12（2000）的趋同。

在实施资产负债表债务法以后，有众多文献针对资产负债表债务法进行讨论。但是，已有的研究文献在理论分析方面，往往是孤立地看待各种所得税会计处理方法，认为资产负债表债务法是资产负债观的体现，为资产负债表债务法的运用寻找理论依据。在实证检验方面，主要从股票市场参与者的视角检验所得税会计信息的价值相关性，而忽略了对企业其他利益相关者（如债权人、审计师和监管者等）决策的影响。这种单一视角的研究所得出的结论不足以说明所得税会计处理方法变革的合理性和有效性。而且股票价格的影响因素众多，单纯从价值相关性方面进行检验，其证据力也非常有限。因此，尚缺乏全面、深刻的理论分析，也缺乏有力的经验证据。特别是，美国、国际财务报告准则关于所得税的会计处理方法的选择为什么如此青睐资产负债表债务法？其基本逻辑与思路是否适合（适应）我国的特殊国情？在我国独特的环境下，如何评价所得税会计处理方法的优劣与实际效果？这些问题尚缺乏深入地研究。

对于已有研究的不足，本书试图做的研究改进如下：

（1）拟将所得税会计处理方法变革问题置于会计制度整体变革的背景下予以研究，对所得税会计变革的理论依据和逻辑基础进行系统地梳理、深入地剖析。

（2）试图从多个角度考察所得税会计处理方法变革的背景下财务报表中所得税会计信息对上市公司主要利益相关者的有用性。

（3）由于实证检验方法固有的局限性，本书除了采用实证检验方法之外，还将采用问卷调查和调研访谈相结合的方法获取直接证据，对所得税会计信息的有用性进行考察。

所得税会计处理方法变革的理论分析

本章拟回答的问题是：所得税会计处理方法变革的理论依据和逻辑基础是什么？所得税会计处理方法为何最终确立为资产负债表债务法？要回答以上问题，先要理清会税差异对所得税会计处理方法选择的影响，这是因为会税差异是引起所得税会计产生的根源。如果没有会税差异，也就不存在所得税会计方法的选择问题。其次，如第 2 章所述，美国 FASB 对所得税会计处理方法的最终敲定与财务报告的概念框架有密切联系。因此，分析所得税会计处理方法变革的理论依据和逻辑基础，必须结合财务报告的概念框架进行研究。

3.1　会税差异与所得税会计处理方法

由于会计准则与税收法规的目标不同，因

而两者在确认、计量方面的相关规定往往存在差异。所得税会计核算的是企业会计准则、制度与所得税法之间的差异，因此，所得税会计处理方法的选择实际上是对所需核算的会税差异及其核算方法的选择。会税差异的程度、差异类型对所得税会计处理方法的选择有影响。如果会税差异程度很小，那么就不需要对所得税会计处理方法进行选择，直接采用以税收法规为导向的应付税款法即可。但是，随着会计准则和税收法规的变革，会税差异程度逐渐增大，继而出现了是否确认所得税的会计影响、采用何种方式确认、计量和报告所得税的会计影响等问题，也即所得税会计处理方法的选择问题。

3.1.1 会税差异程度与所得税会计处理方法

会计准则与税收法规的目标不同，因而两者在确认、计量方面的相关规定往往存在差异。面对企业会计准则（制度）规定与企业所得税法规定的差异，所得税会计首先要回答的问题是：是否要确认所得税的会计影响？或者说，是否对所得税进行跨期分摊？对此，出现了两种对立的观点，即“会税统一”和“会税分离”。

“会税统一”，是指企业会计准则、制度的规定以企业所得税法为导向，不确认所得税的会计影响，使会计准则、制度与企业所得税法保持一致。在这种情况下，不需要反映会计准则、制度与税收法规之间差异的跨期影响，直接将所得税法规定计算的应交所得税作为所得税费用，将本期会计利润与应纳税所得额之间的差异所产生的纳税影响金额计入当期损益即可。这种所得税会计处理方法便是应付税款法。采用应付税款法有两方面理由。一方面，将企业所得税看做是企业的一项利润分配，即“利润分配论”。“利润分配论”的理论依据是“企业主体理论”。查特菲尔德（1989）对该理论的总结为："会计关注的中心应该是公司而不是所有者和债权人。收益和费用不再是对股东权益的简单增减。收益是对企业提供的服务的补偿，费用所测定的是那些为获得这些权益而耗费的劳务的成本。利润是对公司发生的，而不是对所有者或债权人发生的。支付利息、所得税、分配股息是利润的分配而不是所有者资本的提取。另一方面，企业缴纳的所得税是来自相应的应纳税所得，而不是来自税前会计利润。因此，会计处理的重点应当放在发生应纳税所得时，对当期所得税费用才予以确认，而不必将所得税与企业的税前会计利润联系起来。应付税款法的支持者一般认为，跨期所得税分摊得出的净利润是虚设的，其人为地均衡各期收益，掩盖了管理者试图减轻税负的行为（盖地，2011）。我国在 1994 年以前一直是将所得税视为一项利润分配。不过，这不是受"利润分配论"的影响，而是因为我国在改革开放以前处于计划经济时期，以公有制经济为主，企业的税费没有分开，所以我国的所得税在 1994 年以前被视为利润分配。而自 1994 年实施《暂行规定》[①] 起，我国便将企业所得税划分为企业的一项费用。不过，在 2007 年实施新会计准则之前，应付税款法仍是我国大部分上市公司采用的所得税会计处理方法。这很可能是因为应付税款法操作简单、工作量小，所以对我国企业的适用性较强。但应付税款法直接将本期所得税费用等于本期应交所得税，不跨期确认时间性差异的未来所得税影响的处理方式越来越受到批评，认为应付税款法不符合收入与费用的配比原则和权责发生制原则，并且容易造成税后净利润的波动。故而应付税款法后来被纳税影响会计法所取代。

① 1994 年 6 月 29 日财政部下发《关于印发〈企业所得税会计处理的暂行规定〉的通知》（［94］财会字第 25 号）。

随着社会的发展以及会计准则与税收法规的变革，会税差异越来越大，由此采用会税分离模式的国家也越来越多。“会税分离”是指企业会计准则（制度）不以税法为导向，而是独立自成一体，确认计量所得税对费用、资产、负债等的影响。会税分离模式是在会税差异程度越来越大的情况才采用的。在这种情况下，适宜采用的所得税会计处理方法便是纳税影响会计法。在纳税影响会计法下要反映会计准则（制度）与税收法规之间差异的跨期影响，将本期税前会计利润与应税所得额之间产生的时间性（暂时性）差异造成的纳税影响额，递延和分配到以后各期的所得税会计处理方法。采用纳税影响会计法的理由也有两方面。第一，该方法实质上是将企业所得税看做是企业的一项费用，即“费用论”。“费用论”的理论依据是“业主权理论”。该理论认为：“业主①是会计关注的焦点。从业主的角度看，登记会计账簿、编制的会计报表，最终的目的在于计算和分析业主的资产净值。资产代表业主拥有的财产或取得的利润，负债是业主的债务。资本表明企业对业主的价值，收益直接增加业主权益，而费用则直接减少所有权，净利润直接记作业主的财富……税金和利息都是费用，红利表示资本的提取。”（查特菲尔德，1989）。目前，各国一般都是按“费用论”进行的所得税会计处理。第二，遵循配比原则。即让本期所得税费用直接与本期税前会计利润相联系，在发生交易或事项收益的同期确认其对所得税费用的纳税影响。这样能遵循配比原则来反映企业各期的净利润，避免采用应付税款法造成的各期间净利润忽高忽低（盖地，2011）。但是纳税影响会计法的操作复杂、工作量大，并且该方法下的会计信息不具备可验证性，因此存在信息不可靠的问题。

---

① “业主”是指企业的所有者。

由此看，纳税影响会计法的优缺点正好与应付税款法相对应。

3.1.2　会税差异类型与所得税会计处理方法

在当前会税分离的模式下，要确认所得税的会计影响，对所得税进行跨期分摊。但问题是：如何确认所得税的会计影响？采用何种视角反映所得税的会计影响？这涉及从哪个角度分析会计准则与税收法规在确认和计量方面的差异问题。对此，可以分别从特定期间与特定时点两个不同的角度，或者说从利润表和资产负债表两个不同的角度进行分析。从这两个视角出发，可将纳税影响会计法分为基于利润表的纳税影响会计法和基于资产负债表的纳税影响会计法①。

（1）基于利润表的纳税影响会计法

基于利润表的纳税影响会计法或者叫"不完整的纳税影响会计法"，包括递延法和利润表债务法，其特点是将关注的焦点放在利润表中所得税费用的确定上，因而重视从特定期间的角度分析会计准则与税收法规之间的具体差异，着眼于税前会计利润与应纳税所得之间的差异。按照税前会计利润与应纳税所得之间产生差异的原因，可以将两者的差异分为永久性差异与时间性差异。

永久性差异具体包含有四种基本类型：①可免税的会计收入、收益。这是指那些在会计上确认为收入、收益，而税收法规不将其作为应纳税所得额的项目。比如企业购买国库券的利息收入可依法免税，但财务会计上将其确认为投资收益包含在利润总额中。②不可扣除的会计费用或损失。这是指那些在会计上列为费用或损失，而税收法规规定不予抵扣的项目。这些项目又分为

① 戴德明：《高级财务会计学》，高等教育出版社，2011，第 2－4 页。

表3-1　　永久性差异与时间性差异比较表

差异名称/特点	永久性差异	时间性差异
定义	是指由于会计准则和税收法规在计算同一会计期间的收益、费用或损失时的口径和标准不同，从而产生的税前会计利润与应纳税所得额之间的差异。永久性差异只在当期发生，因此只影响当期的损益，而不影响其他会计报告期间的损益。	是指会计准则和税收法规在确认计量收入、费用、利得、损失时，由于时间不同而产生的税前会计利润与应纳税所得额之间的差异。时间性差异在一个期间内形成，在以后的一个或几个期间内转回。
基本类型	①可免税的会计收入、收益。②不可扣除的会计费用或损失。③税收法规作为应税收益的非会计收益。④税收法规作为可扣除费用的非会计费用。	①会计收益大于应税收益的时间性差异。 ②会计收益小于应税收益的时间性差异。

两种，一种是税收法规规定完全不可抵扣的项目，如企业交纳的税收滞纳金或罚款；另一种是税收法规规定有抵扣标准的项目，比如当企业的业务招待费和职工薪酬支出超过税收法规规定的计税支出标准时，超限额部分不允许在税前抵扣，也不允许结转到以后年度抵扣。③税收法规作为应税收益的非会计收益。这是指在会计上不确认为收入，而税收法规规定要作为应税收入的项目，比如视同销售、价外收费等。④税收法规作为可扣除费用的非会计费用。有的项目在会计上未确认为费用或损失，但在计算应纳税所得时允许扣除。比如，为鼓励企业进行新产品、新技术、新工艺的技术开发，除技术开发费可以全额在税前扣除外，还可以加扣50%，这部分加扣额就是非会计费用，但税收法规

将其作为可扣除费用。

企业的永久性差异部分不对实际税负进行调整，而时间性差异部分的所得税影响则要调增或调减实际税负，据以确定当期的所得税费用，并相应确认递延所得税。时间性差异具体分为两种类型：①会计收益大于应税收益的差异。某些收入纳入会计收益的期间早于其纳入应税收益的期间，由此而产生时间性差异。比如当投资企业按权益法核算对被投资企业的长期股权投资时，投资企业对被投资企业当年实现的净利润按其所持表决权资本比例确认当期的投资收益。但根据税法规定，不论企业采用何种方法进行投资核算，只有在被投资企业实际作利润分配账务处理时，投资企业才确认投资所得的实现。这就会产生会计收益大于应税收益的时间性差异。还有某些费用包括在会计收益中的期间迟于其包括在应收收益中的期间，产生时间性差异。比如企业对某固定资产采用直线法折旧，而税法允许其按加速折旧法折旧，那么在该固定资产使用的前期，计算会计收益时扣减的折旧费会小于计算应纳税所得额时可扣减的折旧费，这也会产生会计收益大于应税收益的时间性差异。②会计收益小于应税收益的时间性差异。当某些收入包括在会计收益的期间迟于包括在应税收益中期间时，会产生会计收益小于应税收益的时间性差异。比如企业在提前收取租金、利息和使用费时，会将其确认为负债，直到企业以后提供商品或劳务时才确认为收入，而税收法规规定企业在收到时就要纳入应纳税所得额进行计税。还有当某些费用包括在会计收益中的期间早于其包括在应税收益中的期间，也会产生会计收益小于应税收益的时间性差异。比如上面说过的企业固定资产折旧的例子，如果企业按加速折旧法提取固定资产折旧，而税收法规规定按直线法计算固定资产折旧，那么在该固定资产使用的前期，计算会计收益时扣减的折旧费则会大于计算应纳税所得额时可扣减的折旧费，就会产生会计收益小于于应税收益的时间性差异。

在基于利润表的纳税影响会计法下，当面对税率变更时，可采取反应与不反应两种所得税会计处理方式，因而也就产生了两种所得税会计处理方法，即递延法和债务法。递延法，是把本期由于时间性差异而产生的影响纳税金额，保留到这一差异发生相反变化的以后期间予以转销。当税率变更或开征新税时，不需要调整由于税率的变更或新税的征收对“递延税款”余额的影响①。债务法（利润表债务法），是把本期由于时间性差异而产生的影响纳税的金额，保留到这一差额发生相反变化时转销。在税率变更或开征新税时，递延税款的余额要按照税率的变动或新征税款进行调整。“递延税款”余额要按预期税率进行调整。由此可以看出，在税率不变时，递延法利润表债务法的处理是一样的。

（2）基于资产负债表的纳税影响会计法

基于资产负债表的纳税影响会计法或者叫“完整的纳税影响会计法”，又称为资产负债表债务法。该方法将关注的焦点放在资产负债表上的递延所得税负债与递延所得税资产的确认与计量上，因而重视从特定时点的角度，分析会计准则、制度与税收法规之间的具体差异，着眼于企业资产、负债的账面价值与其计税基础之间的差异。资产的账面价值与负债的账面价值是站在财务会计的角度看待资产和负债，计税基础则上是站在税收法规的角度看待企业的资产和负债。当企业资产、负债的账面价值与其计税基础之间不一致时，便产生差额，这种差额被称为暂时性差

① 引自1994年财政部《关于印发“企业所得税会计处理的暂行规定”的通知》财会字第25号。

异。当然，还有一些未作为资产和负债确认的项目，按照税收法规规定可以确定其计税基础的，该计税基础与其账面价值之间的差额也属于暂时性差异。

资产的计税基础，“是指企业收回资产账面价值过程中，计算应纳税所得额时按照税法规定可以自应税经济利益中抵扣的金额。”这是我国《企业会计准则第 18 号——所得税》（2006）中对于资产的计税基础的定义。该定义，通俗地说，是指按照税收法规所认可的资产的入账金额，或者是在扣除按照税收法规计算的折旧或摊销之后，能够被税务机关所认可的资产金额，也即未来期间可在纳税申报时据实扣除的金额。负债的计税基础，“是指负债的账面价值减去未来期间计算应纳税所得额时按照税法规定可予抵扣的金额。”一般情况下，负债是没有“未来期间按照税法规定可予税前扣除的金额”的，即负债的计税基础就等于其账面价值。但是，有极个别的负债项目，如按照会计准则确认的某些预计负债，会抵减未来期间的应按税所得额。此时，这些负债项目就存在“未来期间按照税法规定可予税前扣除的金额”，从而使得其计税基础不等于账面价值，产生暂时性差异。值得注意的是，暂时性差异是不同于时间性差异的概念，两者的比较如表 3 – 2 所示。

IAS 12（1996）认为，所有的时间性的差异都是暂时性差异，但在有些情况下将产生暂时性差异而不产生时间性差异：①子公司、联营企业或合营企业没有向母公司或投资者分配全部利润；②重估资产而在计税时不作相应调账；③购买式企业合并的购买成本，依据所取得的可辨认资产和负债的公允价值分配计入这些可辨认资产和负债，而在计税时不作相应的调整。另外，有些暂时性差异并不是时间性差异，例如以下情况产生的暂时性差异：①作为报告企业整体组成部分的国外经营的非货币性资产

表 3－2　　时间性差异与暂时性差异比较表

差异名称/特点	时间性差异	暂时性差异
定义	是指会计准则和税收法规在确认计量收入、费用、利得、损失时，由于时间不同而产生的税前会计利润与应纳税所得额之间的差异。	是指资产或负债的账面价值与其计税基础之间的差额。按照对未来期间应税金额的影响，暂时性差异分为应纳税暂时性差异和可抵扣暂时性差异。
基本类型	①会计收益大于应税收益的时间性差异。 ②会计收益小于应税收益的时间性差异。	①应纳税暂时性差异，是指在确定未来收回资产或清偿负债期间的应纳税所得额时，将导致产生应税金额的暂时性差异。在满足规定条件的情况下，应确认相应的递延所得税负债。 ②可抵扣暂时性差异，是指在确定未来收回资产或清偿负债期间的应纳税所得额时，将导致产生可抵扣金额的暂时性差异。在满足规定条件的情况下，应确认相应的递延所得税资产。

或负债以历史汇率折算；②非货币性资产或负债按照《国际会计准则第 29 号——恶性通货膨胀经济中的财务报告》进行重述；③资产或负债初始确认的账面金额不同于其初始计税基础。

但是，上述 IAS 12（1996）对时间性差异和暂时性差异的关系的表述并不严谨。戴德明等（2007）认为，时间性差异和暂时性差异之间不是一种简单的包含关系，“所有的时间性差异都是暂时性差异”的说法是不严谨的。因为时间性差异是税前会计利润与应纳税所得额之间的差额的一部分，因而在性质上是属于期间指标；而暂时性差异是资产或负债的计税基础与其账面金额的差额，因而在性质上是属于时点指标。时点指标与期间指标不可能是一种包含与被包含的关系。对于形成时间性差异的交易或事项来说，虽然特定期间的所有时间性差异都对应有期末相等金额的暂时性差异，但是某些暂时性差异没有对应的时间性差异。因此，应该将两者的关系表述为：所有的时间性差异都对应有相等金额的暂时性差异，但某些暂时性差异没有对应的时间性差异（戴德明等，2007）。

当前，世界上主要的准则机构均采用了基于资产负债表的纳税影响会计法，即资产负债表债务法。这种方法被采纳的原因，很多文献分析认为，一方面是因为该方法是资产负债观的体现；另一方面，从技术层面看，由于暂时性差异能涵盖的范围比时间性差异广，因而能比较全面地反映各类不同业务的纳税影响，从而可以弥补基于利润表的纳税影响会计法的缺陷。然而，这些理由仅仅是资产负债表债务法被确立的部分原因，不是理论根源。根据第 2 章的分析，围绕所得税会计处理方法进行的长达五十年的争论，是随着财务报告概念框架的出台而逐渐停息的。因此，所得税会计处理方法的变革，以及资产负债表债务法被最终采用，其理论依据和逻辑基础需结合财务报告概念框架进行分析。

3.2　所得税会计处理方法变革的理论依据和逻辑基础

美国公认会计原则（General Accepted Accounting Principle，简称 GAAP）始终要求对所得税进行跨期摊配，要求采用纳税影响会计法，其根本理由是 GAAP 非常重视会计信息的决策有用性，这与“决策有用观”的财务报告目标确立有直接关系，进一步说是与财务报告的概念框架有密切联系。

财务会计概念框架（Conceptual Framework for Financial Accounting，CF）最早出现于美国财务会计准则委员会（FASB）1976 年 12 月 2 日公布的《财务会计和报告概念框架：财务报表的要素及其计量》上。1980 年 5 月，美国财务会计准则委员会（FASB）在第 2 号财务会计概念公告（SFAC NO. 2）的前言中，对概念公告和概念框架的定义和解释为①：

“财务会计概念公告是委员会发布的财务报告概念框架系列的一部分。这系列公告是意图通过财务报告目标和基本概念来作为制定和发展财务会计和报告准则的基础。目标辨明财务报告的目的和意图。基本原理指会计的基本概念，它们指引应予会计处理的事项的选择，事项的计量，以及汇总并使之传递给利害关系集团的手段。由于这类概念派生其他概念，在制定、解释和应用会计与报告准则时又必须反复地引用它们，在这个意义上，这类概念是基本的。”

“概念框架是一个由相互关联的目标与基本概念组成的连贯的理论体系。这套理论体系能导致前后一贯的（会计）准则，以及规定财务会计和财务报表的性质、功能以及局限性。”“树立目标以及确定基本的概念不会直接解决财务会计和财务报表的各项问题。而是，通过目标来指引方向，用概念作为解决问题的工具。”

从以上解释可知，概念框架并不具体规定会计问题的处理程序和报告惯例，也不能代替具体准则文告，它着重研究财务会计准则的理论依据。从 1978 年至今，美国财务会计准则委员会

① FASB 在 2010 年发布的第 8 号财务会计概念公告取代了第 1、2 号概念公告，不过在第 8 号概念公告的前言中对财务报告概念框架的定义与解释并未改变。

(FASB) 先后发表了 8 份“财务会计概念公告”(SFACs)。其中，第 3 号被第 6 号所取代，第 1、2 号被第 8 号所取代。在第 8 号概念公告中，美国财务会计准则委员会（FASB）将财务会计概念框架改称为“财务报告概念框架”（Conceptual Framework for Financial Reporting）。由此，本书统一用“财务报告概念框架”来表述概念框架。

美国财务会计准则委员会（FASB）之所以要通过构建概念框架来表述会计理论，是有其历史原因的。在美国财务会计准则委员会（FASB）之前的两个准则制定机构，会计程序委员（CAP）与会计原则委员会（APB），其所制定的会计准则由于缺乏一般的理论的指导，导致对会计实务的规范存在许多问题。体现在会计准则之间缺乏一致性与协调性，还有会计准则在很多情况下对相同的交易或事项允许采用不同的会计处理方法，使得会计实务的操作充满随意性。这些问题遭到会计职业界的猛烈批评，也受到美国证监会（SEC）的否定，最终导致会计程序委员（CAP）和会计原则委员会（APB）均以“关门”而告终。在美国财务会计准则委员会（FASB）成立后，一方面有美国证监会（SEC）支持其发布原则、准则的权威性；另一方面，FASB 吸取前人的教训，着手进行财务报告概念框架的研究，形成由财务报告目标演绎推理出的相互关联的基本概念组成的连贯的理论体系，证明其制定的会计准则是“科学的”，是有理论依据的。此后，财务会计准则委员会（FASB）在制定会计准则过程中，虽然也受到各利益集团以及政治上的干预，但其还是存续了下来并保留住了对会计准则的制定权。

因此，财务报告概念框架能够为分析、评估和指导会计准则的发展提供一个“规范性”的理论基础、能够节省准则制定成本以及有助于会计信息使用者理解财务会计和财务报告，此外，还有助于抵制利益集团的政治压力。所得税会计处理方法的变革，尤其是资产负债表债务法的确立，也是与财务报告概念框架有密切的关系。

3.2.1 财务报告目标的转变

财务报告目标是整个概念框架演绎推理的逻辑起点。美国财务会计准则委员会（FASB）在2010年出台的第8号概念公告中提到：“通用财务报告目标形成了概念框架的基础（foundation），概念框架中其他的方面，如报告主体概念、有用财务信息质量特征和约束、财务报告要素、确认、计量和披露，这些都是由财务报告目标逻辑推演而来的”。① 不同的目标会演绎推理出不同的概念框架架构，其对会计准则的制定有非常重要的影响。因此，正确、合理定位财务报告目标至关重要。

关于财务报告目标的研究，在20世纪60、70年代以前，多以“描述性目标”为主，即主要是对会计现状的描述和说明，它不期望通过目标的研究，对会计提出应当如何，而是解释或说明会计是如何。这种目标的研究在方法上总体上是归纳法的（葛家澍，刘峰，2003）。描述性目标的比较成熟的观点是早期的“受托责任观”，即认为财务报告信息的使用者需要的是有助于评估管理当局受托责任履行情况的信息，也就是企业管理当局向股东如实反映其对受托资源的管理和使用情况。到20世纪70年代前后开始出现了另一种说明会计应当是什么的目标，可称为“规范性目标”，也就是后来被美国会计准则委员会（FASB）和国际会计准则理事会（IASB）在其概念框架中采纳的“决策有

① FASB/IASB在2008年出台的联合概念公告中对于财务报告目标也有大致相同的表述。

用观”，FASB/IASB 将潜在的投资者、债权人纳入了财务报告的使用者范围，认为使用者需要的是对其决策有用的信息。FASB 和 IASB 均以“决策有用性”作为逻辑起点来演绎推理构建财务报告概念框架，说明财务报告目标由传统的“受托责任观”转变为“决策有用观”。

财务报告目标转变的根本原因是资本市场的快速发展，由此而产生的对股票买卖决策有用的财务报告信息的需求。而 FASB/IASB 将决策有用观作为财务报告目标则是采用使用者导向法演绎推理的结果，其主要回答以下三个问题：①谁是财务报告信息的使用者？②他们（财务报告信息的使用者）需要什么信息？③财务报告能提供哪些信息？

决策有用观被确立为财务报告目标的逻辑是：①财务报告信息使用者是包括财务资本提供者等利益相关者，其中现实的和潜在的投资者、债权人是主要的财务资本提供者（capital providers）；②当前财务报告使用者的决策主要是指买卖企业股票的决策，因此他们需要的是与买卖企业股票决策最相关的信息；而关于企业价值的信息是与买卖企业股票决策最相关的信息；③财务报告应当提供能够有助于使用者评估企业价值的信息，即财务报告应当具备“估值有用性”的功能。因此，决策有用观的基本观点是认为，使用者需要的是对其买卖股票决策有用的信息，财务报告应该具备“估值有用性”的功能，以满足使用者的决策需要。

有文献分析认为（如夏文贤，2006；孙丽影，2009 等），决策有用观财务报告目标关注使用者买卖股票的决策，是随着资本市场快速发展，企业股权日益分散化以及股票虚拟化资本的投机本性所造成的结果。一方面，股东所持企业股份量少，他们在客观上不足以影响企业的经营决策和股利分配政策，因而在主观上不关心企业的发展，转而会更为关心股票价格的高低，以期通过低买高卖股票的投机方式来赚取利益；另一方面，股票的虚拟化资本运动方式决定了其投机的本性，即虚拟资本的总价值无法通过自身运动实现增值，其运动只是虚拟资本总量在各个持有者身上的再分配（一方持有者所得就是另一方持有者的所失），于是不关心企业长远可持续发展的投资者（实际上是投机者），就必定关注股票价格的变动，为能够在财富的重新洗牌中牟利。孙丽影（2009）认为，股票的投机本性决定了其投资者对预测企业未来利润信息的需求，他们[①]致力于搜寻与企业未来利润相关的信息，他们的信息源当然不限于企业的财务报告。财务报告在面临其他信息源的竞争下，为了保持其竞争优势，而提出了要提供有助于投资者决策有用的信息。

但是，市场上除了有企业股票的投机者外，还有真正投资企业、真正关心企业可持续发展的投资者，如企业的大股东、机构投资者等，他们关心企业管理当局对受托资源的管理和使用情况，即他们还关注财务报告传统的受托责任目标的实现情况。对于这一点，决策有用观认为已经将财务报告的受托责任目标包含在其中，因为对于管理者受托责任履行情况的考核、管理者续聘以及股利分配等也都属于决策。然而，分析 FASB 关于财务报告目标的概念公告可以发现，“受托责任观”目标形同虚设，并未得到实质上的重视。FASB 的概念公告中除了列举管理层的受托责任之外，并没有描述什么样的信息是有助于评估管理层受托责任履行情况的信息（孙丽影，2009）。因此，许多文献认为决策有用观的目标定位仍然不妥，需要进一步完善。不过，问题并不

① “他们”这里是指企业股票的投机者，不是全部的投资者，因为企业必定还有部分投资者会真正关心企业未来发展经营。

在于“决策有用观”是否能涵括“受托责任观”，而在于“决策有用观”是否真正能使财务报告达到“决策有用”的目标？能否始终发挥财务报告自身与生俱来的、最基本的功能和作用？

决策有用观目标虽然易于被各界人士所接受，尤其是容易被专业人士所接受，但是，由于该目标的确定难免带有较强的主观性，在股票投机者无边界的信息需求下，容易较多地考虑财务报告使用者希望财务报表应该起什么作用，而很可能忽略财务报告真正能够起到什么作用，这样就很可能导致目标难以实现（戴德明，2012）。因此，关于“决策有用观”财务报告目标，更关键的问题是首先要恰当确定决策者及其决策类型的边界，其次是要恰当地衡量决策有用的程度。也就是要回答：财务报告应当重点关注谁的决策、什么决策、财务报告能真正满足什么样的决策需要、财务报告信息对不同决策的有用程度是否一致等问题。

第一，财务报告应当重点关注谁的决策？或者说谁是重要的决策者（财务报告使用者）？FASB 和 IASB 在原来的框架中是将所有的决策者都作为服务的对象，但这样无边界的服务只会导致财务报告目标成为名义上的、无法实现的目标。由此，FASB/IASB 在后来的趋同框架中认为应当关注重要的决策者，因为：财务报告如果满足了重要决策者的需求，也就满足了其他决策者的基本需求，而且，财务报告信息作为一种公共产品，为其他决策者提供的服务不应超过对重要决策者的服务。这是对财务报告使用者界定的进步。但是在 FASB/IASB 确定的重要的决策者中仍然将潜在的投资者和债权人包括在内。这与先前界定的使用者相比，实则“换汤不换药”，并无实质性改进。其一，潜在的投资者、债权人虽然有可能会成为企业现实的投资者、债权人，但是在其切实成为企业现实的投资者之前，对企业的存在与发展并没有任何关系。企业的财务报告实际上并无责任和义务为潜在的投资者、债权人服务。其二，潜在投资者、债权人的范围具备很大的不确定性，将其纳为企业财务报告使用者中的重点关注对象，拟满足其决策的需要，对财务报告是一项艰巨而难以完成的任务。实际上，对企业而言，现实的投资者、债权人才是最为重要的决策者，他们比潜在投资者、债权人更重要。因此，企业的财务报告应当首先满足现实的投资者、债权人的决策信息需求，再考虑满足潜在的投资者、债权人的决策信息需求的必要性和可能性。即使在企业财务报告必要且可能向潜在投资者、债权人提供决策有用信息的情况下，也不应当超过其对现实投资者、债权人提供的决策有用信息。本书认为，不应当将潜在的投资者、债权人纳入重要决策者的范围。

在排除潜在的投资者、债权人之后，是否所有现实的投资者、债权人就是重要决策者？这涉及对现实投资者的区分问题。由于股票属于虚拟化资本，虚拟化资本的本性就是投机，因此在企业的投资者中，有相当部分投资者实际上并不关心企业的发展与经营，其持有股票的目的不是获取股利，而是通过股票价格波动进行投机。只有企业的大股东或机构投资者才会真正关心企业的可持续发展与经营，对企业进行真正的投资。因此，应当根据持有企业股票目的不同对企业的现实投资者进行区分，可区分为企业的战略投资者和短期投机者。毫无疑问，企业的战略投资者比短期投机者更加重要。因此，企业的财务报告应当首先满足企业战略投资者的决策信息需求，再考虑满足短期投机者决策信息需求的必要性和可能性。即使在企业财务报告必要且可能向短期投机者提供决策有用信息的情况下，也不应当超过其对战略投资者提供的决策有用信息。因此，也不应当将短期投机者纳入重要的决策者的范围，只有企业现实投资者中的战略投资者才是财务报告重点关注的决策者。作为企业的战略投资者，他们首先关注的财务报告信息应当是管理层履行的受托责任情况，了解管理层已经做了什么，然后再根据财务报告信息以及其他各种信息进行判断、预测和决策。

第二，什么决策？决策者（财务报告使用者）的不同决策类型对相应的信息有不同需求。按照决策对过去信息的依赖程度划分①可分为历史信息依赖型决策和预测信息依赖型决策。历史信息依赖型决策是指决策者需要根据企业过去的财务状况、经营成果和现金流量等信息来进行的决策，这种决策如股利分配决策、管理层续聘决策。预测信息依赖型决策。预测信息依赖型决策是指决策者需要根据估计的未来现金流量信息进行判断的决策，这种决策如股票的买卖决策。还可按照报告主体对决策者承担的责任程度划分分为报告主体负有直接责任的利益相关者的决策（如现有股东的股票持有或出售决策）和报告主体不负有直接责任的行为主体的决策（如潜在股东的股票购买决策）②。以上对决策类型的划分，到底哪种决策更为重要，需要根据财务报告能发挥什么样的功能进行判断。

第三，财务报告能真正满足什么样的决策需要？财务报告信息对不同决策的有用程度是否一致？这实际上是指企业财务报告的功能问题。企业的对外财务报告产生的初衷是用以反映受托人（管理者）的受托责任履行情况。因为在现代公司所有权与经营权两权分离的情况下，形成了委托人（股东）与受托人（管理者）之间的委托代理关系，股东出于维护其利益的考虑，拟通过企业定期的财务报告来对受托人（管理者）进行监督和考核。因此，财务报告最基本、最主要的功能就是反映管理者的受托责

① 引自戴德明 2012 年《会计理论》课程资料。

② 引自戴德明 2012 年《会计理论》课程资料。

任履行情况。后来，随着资本市场的快速发展，财务报告的功能有了向外扩张的压力，要求财务报告信息具备估值有用性，以利于现实的、潜在的投资者和债权人的经济决策。

财务报告根据经济的发展需要而扩展其功能是理所应当的，但是必须明确其功能可扩展的尺度或界限。财务报告必须是在维护其本身传统的基本功能的基础上再拓展其他功能才合理。其一，财务报告信息的决策有用性是间接的。因为这里的“决策”主要指的是“企业预测信息依赖型决策”，它是面向企业未来的，只有关于未来的预测性信息才能对这样的决策直接有用。而财务报告信息在本质上是关于企业过去的信息，是历史性信息，其只能对企业的历史依赖性决策提供直接有用的信息，作为其决策的依据。因此，财务报告的历史信息本质决定其信息的决策有用性是间接的。其二，财务报告信息对不同的决策的有用程度是有区别的。财务报告信息按其对决策的有用程度可以分为作为决策依据的信息（即依据性信息）和作为决策参考的信息（即参考性信息）。通用财务报告信息是公司股东评价管理当局受托责任履行情况的依据，但只能作为股票买卖决策的参考。因此，前面对于决策类型的划分，对于报告主体负有直接责任的利益相关者的、与财务报告直接相关的历史信息依赖型决策，财务报告可作为决策的依据。但对于报告主体不负有直接责任的行为主体的、与财务报告相关的预测信息依赖型决策，财务报告只可作为决策的参考。其三，财务报告的固有特征决定其功能是有局限性的。财务报告的固有特征是“通用性”和“定期性”。财务报告的通用性就说明其对决策者的特定决策不具备针对性。财务报告的定期性就决定了财务报告信息无论采用何种计量属性，其反映的信息都是已经过去的历史信息，对决策者的特定决策不具备及时性。

因此，明确财务报告能够起什么作用，保证其基本功能之后再满足资本市场发展对财务报告信息的需求，是恰当的定位。戴德明（2012）认为，可将财务报告的功能分为基本功能与辅助功能，反映过去已发生的、可验证的历史信息是其基本功能，预计未来信息的是其辅助功能。相应地，财务报告的决策有用性目标可细分为主要目标和次要目标，对满足投资者、债权人等基于可验证的历史信息而签订各种契约有用的目标（即财务报告的契约有用性）是主要目标，而满足投资者估计企业价值有用的目标（即财务报告的估值有用性）是次要目标。这样才能在发挥财务报告基本功能的基础上满足其扩展的信息需求。

3.2.2　所得税会计处理方法变革的逻辑基础

所得税会计方法的变革，尤其是资产负债表债务法的确立是财务报告目标“决策有用观”的必然产物。在纳税影响会计法中，经历了从递延法到债务法的变革。在债务法中，又经历了从利润表债务法到资产负债表债务法的变革。这都是决策有用观财务报告目标推演的结果，因为债务法（尤其是资产负债表债务法）下的所得税会计信息能更好地提升财务报告的决策有用性。因此，资产负债表信息的决策有用性（估值有用性）就是所得税会计处理方法变革的理论依据。其基本逻辑如下：①财务报告的目标是提供“决策有用”的会计信息，尤其是提供对资本市场参与者决策有用的会计信息；②资产负债表信息的估值有用性是财务报表信息决策有用性的基础，因此，会计准则应当着眼于提升资产负债表信息的估值有用性；③资产负债表债务法的运用有助于提升资产负债表信息对评估企业价值的有用性（即估值有用性），是与财务报告的概念框架最为协调一致的所得税会计处理方法，因此是最优的所得税会计处理方法。

由递延法变革为利润表债务法的逻辑也与此相似，只是资产负债表债务法相对于利润表债务法在理论上更完整和全面、更符合决策有用观财务报告目标的要求。但是，资产负债表债务法在操作上较其他方法都更为复杂，而且在很多处理上需要依据管理当局的主观判断，如果在管理当局机会主义地利用资产负债表债务法的情况下，就很可能会对所得税会计信息的决策有用性造成损害。

首先，先分析资产负债表债务法下所得税会计信息的契约有用性。资产负债表债务法提供了很多会计职业判断的空间，这会对所得税会计信息的契约有用性造成损害。以我国 2006 年出台的《企业会计准则第 18 号——所得税》（以下简称 CAS 18）为例。CAS 18 规定，在递延所得税资产的确认方面，企业应当以很可能取得用来抵扣可抵扣暂时性差异的应纳税所得额为限，确认由可抵扣暂时性差异产生的递延所得税资产。在资产负债表日，如果有确凿证据表明未来期间很可能获取足够的应纳税所得额用来抵扣可抵扣暂时性差异，则应当确认以前期间未确认的递延所得税资产。然而，对于“企业在未来能够取得足够的应纳税所得额用以抵扣可抵扣暂时性差异”，究竟怎样判断未来能够或不能够取得足够的应纳税所得额，CAS 18 并未给出判断标准，这就可能使企业在相应的实际操作中比较随意和主观。还有，对于递延所得税资产和递延所得税负债的计量，CAS 18 规定，应当反映资产负债表日企业预期收回资产或清偿负债的纳税影响，也即在计量递延所得税资产和递延所得税负债时，应当采取与收回资产或清偿负债期间相一致的预期税率和计税基础。然而，在税率变动的情况下，税率时难以预期的，这也需要会计人员的主观判断。会计人员的主观判断，实际上更多是依据企业管理当局的判断，这相当于又给企业管理当局提供了机会主义（盈余管理）的空间。由于在主观判断下确认的递延所得税资产和递延所得税负债信息并不具备可靠性和可验证性，受其影响的资产负债表和利润表信息也不可能具备可靠性和可验证性。而财务报告信息的可靠性和可验证性又是其契约有用的基础。因此，资产负债表债务法下的所得税会计信息难以满足契约有用性要求。

其次，分析资产负债表债务法下所得税会计信息的决策有用性（估值有用性）。资产负债表债务法被采纳的原因就是其有助于评估未来期间的企业价值，从而对投资者买卖股票的决策有用。然而，影响企业股票价格的因素非常多，企业价值仅仅是众多因素之一。实际上，财务报告的整体信息对于估计企业价值的有用性都比较有限，而作为财务报告中一小部分的所得税会计信息对于使用者估计企业价值的有用性则更加有限。

最后，资产负债表债务法的复杂程度相当大，不具备相关专业知识的使用者很难理解资产负债表债务法下的所得税会计信息。如果财务报告的使用者并不理解或不完全理解资产负债表债务法下的所得税会计信息，那么使用者更加难以使用该信息来进行估值或作为投资决策的依据。因此，资产负债表债务法下的所得税会计信息并不具备很强的估值有用性。

由此，资产负债表债务法下的所得税会计信息并不一定提升了财务报告的决策有用性，该方法未必就是最适合的、最优的所得税会计处理方法。实际上，采用高度复杂的、不可验证和审计的、难以理解和接受的、易被操纵的处理方法，可能不如采用比较简单的、可以验证和审计的、容易理解和接受的、不易被操纵的处理方法好。

3.3　对各种所得税会计处理方法的比较及分析

对待会税差异的纳税影响的不同处理方式产生出不同的处理方法。我国所得税会计方法的变革路径是：由应付税款法转变为纳税影响会计法、由基于利润表的纳税影响法转变为基于资产负债表的纳税影响会计法（或者说：由递延法转变为债务法，债务法中又由利润表债务法变革为资产负债表债务法）。所得税会计处理方法的变革如图 3－1 所示。

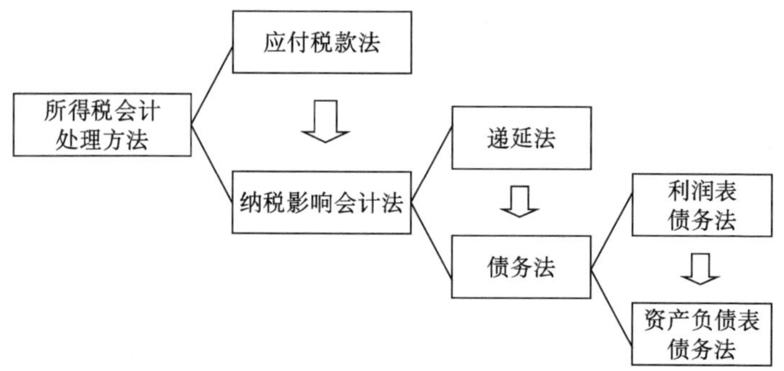

图 3－1　所得税会计处理方法的演变图

3.3.1　应付税款法与纳税影响会计法

对于是否反映会税差异的所得税影响，产生出两种所得税会计处理方法，即不反映差异影响的应付税款法和反映差异影响的纳税影响会计法。

应付税款法不反映会计标准与税收法规规定之间差异的跨期影响，直接将一定期间的应交所得税作为当期的所得税费用。在应付税款法下，是按收付实现制原则（基础）确认当期所得税费用。应付税款法的基本观点是认为，所得税与应纳税所得额有必然的联系。当应税交易或事项发生时，应在发生该应税交易或事项的当期确认相应的所得税费用。因此应付税款法下生成的所得税会计信息体现了历史成本计量，具备可靠性和可验证性。应付税款法不将所得税与税前会计利润相联系，避免得出不可验证的所得税会计信息，也避免管理层为均衡各期收益而利进行盈余管理，从而掩盖企业的真实经营成果。

应付税款法操作简单，易于被理解。对所得税信息提供者而言，其信息的生成成本较低；对所得税信息的使用者而言，易于理解和判断；对税收监管部门而言，利于税收监管。因此，从整个社会的角度看，应付税款法的成本较低。但是，由于应付税款法下的所得税费用与税前会计利润没有比例关系，而是直接与应纳税所得额相关，这可能造成企业前后几期税后净利润的波动较大，从而不利于财务报告使用者对企业经营状况的评价。由此，应付税款法遭到企业界的批评。再加上应付税款法的处理方式与配比原则、权责发生制原则等不符，也受到理论上的批评。

纳税影响会计法，是将会计标准与税收法规之间差异造成的纳税影响额，递延和分配到以后各期。纳税影响会计法分为递延法和债务法，其中债务法又分为利润表债务法与资产负债表债务法。纳税影响会计法的基本观点是认为，所得税直接与税前会计利润相联系，在某期发生影响会计利润的交易或事项时，应当在发生交易或事项的当期确认相应的所得税费用，以符合配比原则和权责发生制原则。纳税影响会计法认为将本期所得税直接与税前会计利润相联系，能够更真实地反映企业各期的净利润，一方面可以避免各期净利润的波动，另一方面可以通过确认递延税款信息来为财务报告使用者提供预测未来纳税的信息，以利于财务报告使用者进行经济决策。由此可以看出，纳税影响会计法下的所得税会计信息相对应付税款法，更重视信息的相关性。但是，纳税影响法的处理方式复杂，非专业人士对纳税影响会计法下生成的所得税会计信息难以理解，而且纳税影响会计法处理中存在的主观判断空间使得其容易成为管理层盈余管理的手段。

因此，应付税款法和纳税影响会计法站在不同的角度来进行处理，两种方法的优缺点刚好相对应，以己之长比彼之短。具体归纳如表 3 – 3 所示。

表 3 – 3　　应付税款法与纳税影响会计法比较表

项目	应付税款法	纳税影响会计法
处理会税差异的所得税影响	在当期的所得税费用中确认	递延和分配到以后各期
会计确认基础	收付实现制	权责发生制
重视的信息质量特征	可靠性	相关性
与税收法规的关系	服从税收法规，不确认计量会税差异及其影响	保持一定的独立性，确认计量差异及其影响
与税前会计利润的关系	不成比例关系	成大致的比例关系（因还有永久性差异）
优点	操作简单、易于理解、信息生成成本低	符合配比原则和权责发生制的要求
缺点	可能造成各期的净利润波动	可能成为盈余管理的工具或手段

3.3.2　递延法与利润表债务法

递延法和利润表债务法都是基于利润表的纳税影响会计法，

在所得税税率不发生变更的情况下，这两种方法的处理是相同的。即递延法和利润表债务法均以利润表为主导，强调配比原则；体现的收益计量观均为收入费用观，经营收益的计量均是收入与费用配比的结果；均确认税前会计利润与应纳税所得之间的时间性差异的纳税影响额，并将其依次转销；均在时间性差异形成的期间确认其纳税影响额（递延税款），在时间性差异转回时转销相应的纳税影响额；均在利润表上列示所得税费用，在资产负债表上列示递延税款借项或贷项（只反映递延税款净额）。

递延法和利润表债务法的最主要区别就在于当税率发生变化时，后者要反映税率变化的影响，而前者不须反映。由于递延法强调费用与收入的配比，把时间性差异的纳税影响递延到差异转回的各个期间，以反映原始差异对税额的影响，因此不对以后年度税率的变动进行调整。报表中的递延税款借项或贷项代表当期所得税分配的累积影响，不属于严格意义上的应收或应付项目。利润表债务法不同于递延法的地方在于它确认税率变动时的时间性差异对递延税款的影响金额。其相对与递延法而言，利润表债务法下的递延税款借项和递延税款贷项更符合资产和负债的定义。

将递延法和利润表债务法之间的比较情况归纳如表 3－4 所示。

表 3－4　　　　递延法与利润表债务法比较表

项目	递延法	利润表债务法
相同之处：		
分析视角	基于利润表	基于利润表
收益计量观	收入费用观	收入费用观
收益计量	经营收益 = 收入 − 费用	经营收益 = 收入 − 费用

续表

项目	递延法	利润表债务法
相同之处：		
会税差异类型	税前会计利润与应纳税所得之间的时间性差异	税前会计利润与应纳税所得之间的时间性差异
在财务报表上的列示	所得税费用、递延税款借项或递延税款贷项	所得税费用、递延税款借项或递延税款贷项
资产负债表上的递延税款余额反映	只反映递延税款净额	只反映递延税款净额
不同之处：		
税率变动时采用的税率	当初税率	现行税率
税率变动对递延税款余额的影响	不调整递延税款的账面余额	调整递延税款的账面余额
递延税款余额的性质	递延税款借项不代表收款权利；递延税款贷项不代表付款义务	递延税款借项代表收款权利（资产），递延税款贷项代表付款义务（负债）
递延税款信息的特征	反映权责发生制下的当期损益	反映当期和未来期间与纳税有关的现金流量

3.3.3 利润表债务法与资产负债表债务法

利润表债务法和资产负债表债务法同属于纳税影响会计法下的债务法，它们都符合配比原则和权责发生制原则的要求。但是，由于利润表债务法和资产负债表债务法分别基于不同的视角来分析会税差异，因此两种方法在对会税差异的纳税影响的处理方式上有众多差异。

第一，分析会税差异的视角不同。利润表债务法是从利润表角度出发，着眼于分析税前会计利润与应纳税所得之间的差异，并将这种差异分为永久性差异和时间性差异。而资产负债表债务法是从资产负债表角度出发，着眼于分析资产、负债的账面价值与其计税基础之间的差异（暂时性差异），重点关注资产负债表上的递延所得税负债/资产的确认和计量。

第二，差异类型不同。利润表债务法下的时间性差异属于期间指标，资产负债表债务法下的暂时性差异属于时点指标。时间性差异强调差异的形成以及差异的转回对本期所得税费用的影响，但不能直接反映其对未来的影响，因而利润表债务法反映的是“过去和现在”。暂时性差异则强调差异的内容及对期末资产负债的影响，可以直接得出递延所得税资产、递延所得税负债余额，能够直接反映其对未来的影响，因而资产负债表债务法体现的是“现在和将来”①。不过，在大多数情况下，时间性差异与暂时性差异是相对应，因此采用利润表债务法和采用资产负债表债务法的最终结果（当期所得税费用和期末递延所得税余额）相同。但是，在某些情况下因一些不会形成对应的时间性差异的暂时性差异及其纳税影响的存在（如企业合并或资产评估增值等），使得利润表债务法涵盖的范围不如资产负债表债务法广。

第三，对收益的定义不同。利润表债务法是根据即收入费用观定义收益。利润表债务法下的收益一般是实际经营的结果，具有可验证性，而且能够提供分类、分项的收益收据，便于考核、分析，同时也是所得税纳税申报的基础（盖地，2011）。资产负债表债务法依据资产负债观定义收益，强调“全面收益”（comprehensive income）。全面收益是指企业在报告期内除去业主投资和分派业主款以外的交易、事项和情况所产生的一切权益（净

① 引自盖地（2011）第 247 页。

资产）的变动[①]。全面收益实际上体现的是经济收益的概念，其范围比收入费用观下的经营收益的概念要广，既包括已确认和已实现的收入、费用、利得和损失，也包括已确认但未实现、平时不计入利润表而在资产负债表中反映的项目。

第四，财务报表上反映的“递延税款”的概念不同。利润表债务法下的时间性差异反映的是收入和费用在本期发生的差异，因此其相应确认的递延税款借项和递延税款贷项是本期的发生额。而资产负债表债务法下的暂时性差异反映的是累计的差异，因此其确认的递延所得税资产和递延所得税负债反映的是资产和负债的账面价值。在利润表债务法下确认的递延税款借项与递延税款贷项可以互相抵消，在资产负债表上以递延税款的净额反映。在资产负债表债务法下，递延所得税资产和递延所得税负债的确认，分别以报告主体预期收回资产的账面金额和清偿负债的账面金额所引起的纳税后果为依据，因此能够确实代表报告主体未来的纳税利益和纳税责任，从而适合在资产负债表中列示为资产和负债（戴德明等，2007）。因此，资产负债表债务法下的递延所得税资产和递延所得税负债则分别作为非流动资产和非流动负债在资产负债表中列示。

以上是利润表债务法和资产负债表债务法的主要差异，将其归纳如表 3－5 所示。

① 全面收益，或称“综合收益”（Comprehensive Income），由美国财务会计准则委员会（FASB）1980 年 12 月在第 3 号财务会计概念公告中首次提出，FASB 将其定义为：企业在报告期内除去业主投资和分派业主款以外的交易、事项和情况所产生的一切权益（净资产）的变动。

表 3－5　利润表债务法与资产负债表债务法比较表

名称/特点	利润表债务法	资产负债表债务法
分析角度	利润表	资产负债表
收益计量观	收入费用观	资产负债观
收益计量	经营收益＝收入－费用（或：营业收入－营业成本＋利得－损失）	全面收益＝期末净资产－期初净资产－业主投资和分派业主款
会税差异类型	税前会计利润与应纳税所得之间的时间性差异	资产、负债的账面价值与其计税基础之间的暂时性差异
差异含义、范围	属于当期差异，范围窄	属于累积差异，范围广
税率	现行税率	预期税率
资产负债表上的递延税款余额反映	以递延税款净额反映	递延所得税资产和递延所得税负债分别反映
在财务报表上的列示	所得税费用、递延税款借项或递延税款贷项	递延所得税资产、递延所得税负债、所得税费用

3.3.4　对资产负债表债务法的评价与思考

（1）资产负债表债务法存在的问题

①“计税基础”的确定与其定义不符。“计税基础”是对“tax bases”的翻译，也是资产负债表债务法下特有的概念。在一般情况下，应当是先对“计税基础”进行定义，然后再定义资产和负债的计税基础。但目前支持资产负债表债务法的会计准则制订机构都没有这样做。因为很难用一个统一的概念来对“计税基础”进行定义，所以只有分别对资产与负债的计税基础进行定义。国际会计准则（IAS 2003）对资产的计税基础的定义

是："一项资产的计税基础是当企业收回该资产的账面金额时，就计税而言可从流入企业的任何应税经济利益中予以抵扣的金额。如果这些经济利益是不纳税的，那么该资产的计税基础即为其账面金额。"IAS 2003 对负债的计税基础的定义是："一项负债的计税基础是其账面金额减去该负债在未来期间计税时可抵扣的金额。对于预收收入，所产生负债的计税基础是其账面金额减去未来期间非应税收入的金额。"我国《企业会计准则第 18 号——所得税》（CAS 2006）第五条规定："资产的计税基础，是指企业收回资产账面价值过程中，计算应纳税所得额时按照税法规定可以自应税经济利益中抵扣的金额。"第六条规定："负债的计税基础，是指负债的账面价值减去未来期间计算应纳税所得额时按照税法规定可予抵扣的金额。"

从以上定义看，资产的计税基础是指允许抵扣应纳税所得的部分，负债的计税基础则是指不允许抵扣应纳税所得的部分。这样从两个相反的方向进行定义资产、负债的计税基础，存在的问题是使"计税基础"的概念难以理解，甚至很可能被曲解，尤其是负债的计税基础更是难以理解和具体操作。下面根据具体根据应收账款、具有融资性质的长期应收款和可抵扣亏损的计税基础予以论述。

A. 应收账款的计税基础。从"资产的计税基础"出发进行解释应收账款的计税基础存在问题。例如 2013 年注册会计师考试用书《会计》第 498 页的例子（本书表示为"例 1"）：

例 1：甲公司为 A 公司的母公司。甲公司本期个别资产负债表应收账款中有 1700 万元为应收 A 公司账款，该应收账款账面余额为 1800 万元，甲公司当年对其计提坏账准备 100 万元。A 公司本期个别资产负债表中列示有应付甲公司账款 1800 万元。甲公司和 A 公司适用的所得税税率均为 25%。

其解析为："甲公司在其个别财务报表中，对应收 A 公司账款计提坏账准备 100 万元，由此导致应收 A 公司账款的账面价值调整为 1700 万元，而该应收账款的计税基础仍为 1800 万元，应收 A 公司账款的账面价值 1700 万元与其计税基础 1800 万元之间的差额 100 万元，则形成当年暂时性差异。对此，按照所得税会计准则的规定，应当确认该暂时性差异相应的递延税款资产 25 万元（100×25%）。"

以上对例 1 的解析，其核算结果虽然符合会计准则的要求，但是在解释上却不严谨。因为按照"资产的计税基础"的定义，应收账款收回时是不能在应税经济利益中进行抵扣的，因此应收账款的计税基础应当为 0 万元，而不是 1800 万元，由此而产生的暂时性差异应当是应纳税暂时性差异 1800 万元，而不是产生可抵扣暂时性差异 100 万元。这里出现的问题是因为应收账款的计税基础与"资产的计税基础"定义不符合所造成。根据定义，应收账款的计税基础应当为零，但是这样核算不符合资产负债表债务法核算的本意。资产负债表债务法的本意是想将 100 万元的坏账准备确认为暂时性差异，否则，确认 1800 万元的暂时性差，将会产生 450 万元（1800×25%＝450）的巨额递延所得税资产，进而还将会影响所得税费用。这显然是不合理的处理方式。但是，按照 1800 万元确定应收账款的计税基础无法用理论解释，体现出资产的计税基础的确定与其定义不相符的问题。

B. 具有融资性质的长期应收款的计税基础。再看具有融资性质的长期应收款的计税基础的确定，现有文献的解释出现了矛盾之处。有的文献（如：王一舒，2008；高海军，2009 等）以及一些注册会计师考试网站①的解释认为具有融资性质的长期应

① 见 http://bbs.esnai.com/thread-4692159-1-1.html.

收款的计税基础为0，而有的文献分析则认为具有融资性质的长期应收款的计税基础等于分期销售商品的成本余额（如：张云，2008；张萌，2011等）。这里出现的矛盾与对应收账款的计税基础的确定矛盾相似，都是由于与“资产的计税基础”定义不符而造成的问题。举例说明如下（以下简称为“例2”）：

例2：2007年1月1日，甲公司采用分期收款方式向乙公司销售机器一台，销售价格为2000万元（不含增值税），合同约定分5次于每年12月31日等额收取。甲公司所销售机器的成本为1560万元，该机器在现销方式下的公允价值为1600万元（不含增值税）。甲公司采用实际利率法摊销未实现融资收益。甲公司每年的税前会计利润都为10000万元，甲公司2007年适用的税率为33%，从2008年1月1日起，使用的税率变更为25%。假定先不考虑增值税，按照已有文献中的分析思路对长期应收款的计税基础分两种情形讨论如下：

第一种情形：从“资产的计税基础”的定义出发，认为长期应收款的计税基础为0。

2007年12月31日应纳税所得额＝10000－1600＋1560＋400－1560÷5－126.88（摊销的未实现融资收益）＝9921.12（万元），应纳所得税额＝9921.12×33%＝3273.97（万元）。另外，2007年12月31日长期应收款的账面价值＝1600－273.12＝1326.88（万元），计税基础＝0（万元），形成应纳税暂时性差异＝1326.88（万元），应确认的递延所得税负债＝1326.88×25%＝331.72（万元）。2007年12月31日机器的账面价值0万元，而计税基础＝1248万元（1560－1560/5＝1248），形成可抵扣暂时性差异1248万元，应确认的递延所得税资产＝1248×25%＝312万元。因此，所得税费用＝当期所得税＋递延所得税＝3273.97＋331.72－312＝3293.69（万元）。

第二种情形：认为长期应收款的计税基础不为 0。

2007 年 12 月 31 日应纳税所得额 = 10000 - 1600 + 1560 + 400 - 1560 ÷ 5 - 126.88（摊销的未实现融资收益）= 9921.12（万元），应纳所得税额 = 9921.12 × 33% = 3273.97（万元）。2007 年 12 月 31 日长期应收款的账面价值 = 1600 - 273.12 = 1326.88（万元），而计税基础为 1600（万元），形成可抵扣暂时性差异 = 273.12（万元）（1600 - 1326.88 = 273.12），应确认的递延所得税资产 = 273.12 × 25% = 68.28（万元）。另外，2007 年 12 月 31 日机器的账面价值 0 万元，而计税基础 1248 万元（1560 - 1560/5 = 1248），形成可抵扣暂时性差异 1248 万元，应确认的递延所得税资产 = 1248 × 25% = 312 万元。因此，所得税费用 = 当期所得税 + 递延所得税 = 3273.97 + （ - 68.28） + （ - 312） = 2893.69（万元）。

上例 2 中对具有融资性质的长期应收款的两种计税基础的分析，无论采用哪种情况分析都有问题。第一，认为长期应收款的计税基础为 0，虽然符合“资产的计税基础”的定义，但是由此确认巨额的递延所得税负债，并没有什么实际意义，却影响了利润表中所得税费用的金额和税后净利润的金额。第二，认为长期应收款的计税基础不为 0，不符合“资产的计税基础”定义，其在理论上解释不通。第三，对于分期销售的机器，甲公司在会计上已经将该机器实物转出，在账上也已经转出，并确认了当期的主营业务成本。但是，由于税法确认收入的时间与会计准则的规定不一致，造成了该机器账面价值与计税基础之间出现了暂时性差异，从而需要确认该机器的所得税影响。但这样处理的问题是：虽然按照资产负债表债务法的规定，该机器的账面价值零与其计税基础之间有差异，要确认其所得税影响，但是该机器已经不在甲公司了，确认其所得税影响也没有意义。而且这样确认的递延所得税都是没有实际发生、没有原始凭证的预期金额，其确认没有实际意义，但是却会对利润表上的所得税费用有巨大影响，这相当于给企业管理当局提供了调节税后利润的盈余管理空间。

C. 可抵扣亏损的计税基础。在资产负债表债务法下规定，对于按照税法规定可以结转以后年度的未弥补亏损及税款抵减，虽不是因资产、负债的账面价值与计税基础不同而产生，但本质上与可抵扣暂时性差异具有同样的作用，均能减少未来期间的应纳税所得额和应交所得税，视同可抵扣暂时性差异，在符合确认条件的情况下，应确认与其相关的递延所得税资产。

但是，由此带来的问题是：第一，在确认由可抵扣亏损产生的暂时性差异时，并未经过资产或负债的账面价值与其计税基础之间进行比较而得出结果，其是在没有理论根据的情况下确认可抵扣暂时性差异，有背“暂时性差异”的定义。第二，由可抵扣亏损而产生的未来经济利益实质上有极大的不确定性，其能否实现、能在多大程度上实现都不确定。因此，如果要确认由可抵扣亏损产生的可抵扣暂时性差异，就需要企业根据未来期间能否产生足够的应纳税所得额来进行判定。而这个判定主要依靠企业管理当局的主观判断，从而给企业管理当局提供了盈余管理的空间。第三，即使管理当局能够客观合理地估计可抵扣亏损的所得税利益的实现程度，并正确地按照资产负债表债务法确认了递延所得税资产，也仍存在问题，即：该信息有违会计核算中的历史成本原则，不具备可验证性，因此无法证明其具有可靠性。确认这项不可验证、不可靠的未弥补亏损的所得税利益是否有意义、是否能够提高财务报表信息的有用性，本书表示怀疑。事实上可能会适得其反。因为确认可抵扣亏损的所得税利益，至少扩大了管理当局操控报表的空间。

以上分析的关于应收账款、具有融资性质的长期应收款及其可抵扣亏损的计税基础的问题，都是与“资产的计税基础”定义不符，都反映出资产负债表债务法下的理论缺陷。对于应收账款的计税基础问题，本书认为，解决问题的思路可从坏账准备的角度解释。将坏账准备余额视为负债。将“坏账准备”余额视为负债，在应收账款实际变成坏账时将冲减“坏账准备”。由于实际发生的坏账是允许抵扣应纳税所得额的，因此上述例子中的 100 万元坏账准备可视同 100 万元的负债，其账面价值为 100 万元，由于在其“清偿”时可以全部抵扣，因此其计税基础为 0。换言之，该坏账准备不可抵扣的金额为 0。由此形成 100 万元的可抵扣暂时性差异，可以确认 25 万元的递延所得税资产。很显然，这样解释就会避免出现上述所说的矛盾，能够较为“合理”地解释。然而，从坏账准备的角度进行解释也是不得已而为之的方式，因为从应收账款的角度出发不仅难以解释，而且可能被曲解。而对于具有融资性质的长期应收款和可抵扣亏损的计税基础的问题，本书还未找到合理的角度予以诠释。此外，还有交易性金融资产和商誉的计税基础也存在一定的问题。

实际上，在利润表债务法下，将例 1 中的 100 万元资产减值损失和例 2 中分期销售的收入确认差异均作为时间性差异就很容易理解，且方便解释和操作。对于可抵扣亏损，在实现时再确认其所得税利益就不会产生信息不可靠的问题。而在资产负债表债务法下，变得难以理解、难以解释。资产负债表债务法使简单的问题复杂化。

②“暂时性差异”的确定与其定义不符。现行的所得税会计准则对“暂时性差异”定义为：资产或负债的账面价值与其计税基础之间的差额。但是并非所有的暂时性差异都来自资产或负债账面价值与计税基础之间的差额，未作为资产和负债确认的

项目，按照税法规定可以确定其计税基础的，该计税基础与其账面价值之间的差额也属于暂时性差异①。比如：①企业发生的符合条件的广告费和业务宣传费支出；②可抵扣亏损及税款抵减产生的暂时性差异。这两项并非资产或负债项目，但是由于税法规定能够在未来期间抵扣应纳税所得，所以按照资产负债表债务法要确认递延所得税资产。

企业会计准则讲解 2010（第 273 页）和最新的 CAP 考试用书（第 323 页）对此的解释是：这些未作为资产、负债确认的项目产生的暂时性差异，因为不符合资产、负债确认条件而未体现为资产负债表中的资产或负债，但按照税法规定能够确定其计税基础的，其账面价值零与计税基础之间的差异也构成暂时性差异。这里存在的问题是，这些项目本身的账面价值实际上并非为零，而是将这些项目视同为资产或负债项目时，由于这项“资产”或“负债”实际并不存在，所以该“资产”或“负债”的账面价值才为零。这种分析存在逻辑谬误问题，即：如果该项目视同的“资产”或“负债”项目不存在，那么也不可能存在该项目的“账面价值为零”。另外，即使这种假设成立，那还存在另一个问题，即需要增加一项判断，判断该项目应当视同为“资产”还是视同为“负债”。这是因为，由资产与负债的账面价值与其计税基础之间的差额形成的是截然不同的暂时性差异，如果不进行判断，那么这些“未作为资产、负债确认的项目”的暂时性差异将难以恰当地确认。

本书认为，这也是资产负债表债务法理论上存有缺陷的体

① 见《企业会计准则第 18 号——所得税》第七条：“暂时性差异，是指资产或负债的账面价值与其计税基础之间的差额；未作为资产和负债确认的项目，按照税法规定可以确定其计税基础的，该计税基础与其账面价值之间的差额也属于暂时性差异。”

现。资产负债表债务法企图用一个“暂时性差异”的概念来包括所有的会税差异，将利润表债务法中划分的“永久性差异”和“时间性差异”均包含在内。但是在“暂时性差异”的概念确定为“资产、负债的账面价值与其计税基础不同产生的差额”后，仍有部分项目无法涵盖，因此通过增加一项“视同暂时性差异”的规定来将“暂时性差异”概念涵盖不了的“特殊项目”也包含在内。其实质是，将会计上未作为资产、负债确认，而税法规定在未来期间能够影响应纳税所得额（即能够确定计税基础）的项目，纳入暂时性差异中进行确认。但是，将难以定义的“暂时性差异”视同为暂时性差异，不仅损害了暂时性差异定义的一贯性，而且由于增加了判断而造成了实务上操作的不便。

此外，在确定暂时性差异之后，又并非所有的暂时性差异都能确认为相应的递延所得税负债或递延所得税资产。即在递延所得税负债和递延所得税资产的确认上，又存在诸多的“特殊情况”，使得资产负债表债务法的理念难以始终贯穿。

①不确认递延所得税负债的情况。首先，商誉的初始确认。原因在于，在税法规定的免税合并情形下，税法不认可商誉的价值，即商誉的计税基础为零。如果确认该部分暂时性差异产生的递延所得税负债，则意味着购买方在企业合并中获得的可辨认净资产的价值量下降，企业应增加商誉的价值，如此又会进一步产生应纳税暂时性差异，使得递延所得税负债和商誉价值量的变化不断循环。其次，除企业合并以外的其他交易或事项中，如果该项交易或事项发生时既不影响会计利润，也不影响应纳税所得额，则所产生的资产、负债的初始确认金额与其计税基础不同，形成应纳税暂时性差异的，交易或事项发生时不确认相应的递延所得税负债。此项规定的一个例子是特定行业固定资产的预计弃

置费用，在所得税会计准则 CAS18 中规定该固定资产以取得成本与其预计弃置费用的现值之和入账，但是税法不认可弃置费用，由此出现该固定资产的账面价值与计税基础之间差额形成的应纳税暂时性差异，但是在这种情况下也无法确认递延所得税负债，因为也会出现不断循环的困境。与子公司、联营企业、合营企业投资等相关的应纳税暂时性差异，一般应确认相关的递延所得税负债，但投资企业能够控制暂时性差异转回的时间且该暂时性差异在可预见的未来很可能不会转回的情形下除外。

②不确认递延所得税资产的情况。准则规定，在某些情况下，如果企业发生的某项交易或事项不属于企业合并，并且交易发生时既不影响会计利润也不影响应纳税所得额，且该项交易中产生的资产、负债的初始确认金额与其计税基础不同，产生可抵扣暂时性差异的，所得税准则中规定在交易或事项发生时不确认相关的递延所得税资产。其原因是，如果确认递延所得税资产，则需要调整资产、负债的入账价值，对实际成本进行调整将有违会计核算中的历史成本原则，影响会计信息的可靠性。比如内部研究开发形成的无形资产，开发支出计税基础与账面价值形成的差异不予确认。原因是该无形资产的确认不是产生于企业合并交易，同时在确认时既不影响会计利润也不影响应纳税所得额，则按照所得税会计准则的规定，不确认有关暂时性差异的所得税影响。还有融资租入的固定资产账面价值与其计税基础之间差异产生的暂时性差异也不能确认递延所得税资产，因为也会导确认暂时性差异的无限循环困境。

对于以上特殊交易与事项的规定，都体现出资产负债表债务法的理念无法一致性贯穿。而且以上不能确认递延所得税负债、资产的规定，其可理解性较低，让许多有专业背景的使用者都感到费解，而对于不具备专业背景的使用者而言，则更加难以理解和使用了。

（2）对资产负债表债务法的评价

①资产负债表债务法的可能优点。相比利润表债务法，资产负债表债务法可能的优点如下：

第一，在采用购买法的企业合并时的初始确认与计量中，资产负债表债务法能够涵盖利润表债务法无法涵盖的项目。即在采用购买法的企业合并时，合并企业按被并企业净资产的公允价值入账，当被并企业净资产的公允价值大于其账面价值时，会产生“商誉”，由此而产生的所得税影响，在利润表债务法下无法确认。因为在利润表债务法下涉及的是应税利润与税前利润的差异问题。而在资产负债表债务法下则可以确认其所得税影响。这是资产负债表债务法在初始确认环节优于利润表债务法的体现。

第二，在后续确认计量中，与损益无关的一些交易或事项（如可供出售金融资产），在利润表债务法下无法确认，在资产负债表债务法下能确认。

②资产负债表债务法的不足。第一，资产负债表债务法在其“优点处”也存在问题，比如在初始确认与计量中，虽然能够确认相关的所得税影响，但是在商誉的初始计量上又不能确认递延所得税负债，因为要避免出现无限循环的问题。这又体现出资产负债表债务法的理念无法贯穿的理论缺陷。即使能确认其所得税影响，但确认的递延所得税信息也不具备可验证性和可靠性，其作用与好处更可能是为企业管理当局提供了操控报表的机会与空间，而对于提升财务报告整体的有用性意义不大。本来相对于利润表债务法，资产负债表债务法试图解决初始确认时的所得税影响问题，但恰恰是在初始确认环节遭遇困境，产生了新的困难。

第二，出现一些“有暂时性差异，却不能确认递延所得税”的情形，这种困境体现了资产负债表债务法在理论上、逻辑上等多方面的缺陷。A. 商誉的初始确认时的暂时性差异。B. 非企业合并取得的资产和承担的负债，在初始确认时的暂时性差异。

第三，资产负债表债务法使简单的问题复杂化。从成本效益分析的角度看，结果是得不偿失。利润表债务法的时间性差异相对比较好理解，应该能够满足所得税会计的需要，完全没有必要引入计税基础和暂时性差异的概念。

第四，与所得税直接相关的资产、特别是负债项目，只是少数，全方位的考虑与分析资产、负债的计税基础的做法，是极不经济的。

（3）改进所得税会计处理方法的建议

通过分析，本书认为资产负债表债务法在理论上并非最为合理的所得税会计处理方法，在该方法下的所得税会计信息并不一定提升了财务报告信息的有用性，该方法未必是最适合的、最优的所得税会计处理方法。

改进所得税会计处理方法的一种可能性是：只在初始确认环节运用计税基础与暂时性差异的分析，而在期末仍然基于利润表债务法进行分析。因为，毕竟在初始确认环节面临所得税问题的情况比较少见。

另一种可能性是：只在为了确定利润表债务法下无法涵盖的特殊项目的所得税影响时采用资产负债表债务法进行分析，而其余项目仍旧采用利润表债务法。因为，利润表债务法无法涵盖的业务比较少见，不属于企业的日常项目。

3.4 本章小结

首先，本章理清会税差异对所得税会计处理方法选择的影响。会税差异是引起所得税会计产生的根源，如果没有会税差异，也就不存在所得税会计方法的选择问题。

其次，结合财务报告的概念框架分析所得税会计处理方法变革的理论依据和逻辑基础。财务报告目标是整个财务报告概念框架演绎推理的逻辑起点。财务报告目标由“受托责任观”转变为“决策有用观”，根本原因是资本市场的快速发展，由此而产生的对股票买卖决策有用的财务报告信息的需求。财务报告最基本、最主要的功能就是反映管理者的受托责任履行情况。后来，随着资本市场的快速发展，财务报告的功能有了向外扩张的压力，要求财务报告信息具备估值有用性，以利于现实的、潜在的投资者和债权人的经济决策。财务报告根据经济的发展需要而扩展其功能是理所应当的，但是必须明确其功能可扩展的尺度或界限。财务报告必须是在维护其本身传统的基本功能的基础上再拓展其他功能才是合理的。因此，决策有用观的财务报告目标应当划分主次目标，以财务报告的契约有用性为主要目标，以财务报告的估值有用性为次要目标。这样才能在发挥财务报告基本功能的基础上满足其信息扩展的需求。

再次，通过理论分析以及对各种所得税会计处理方法分析与比较后发现，所得税会计方法的变革是财务报告目标“决策有用观”的必然产物。所得税会计处理方法变革、资产负债表债务法被采用的理论依据就是资产负债表信息的估值有用性。所得税会计处理方法变革的基本逻辑是：财务报告的目标是提供“决策有用”的会计信息，尤其是资本市场参与者的决策有用性；财务报告信息与股票价值的相关性是其对投资者决策有用的基础，因此，会计准则应当着眼于提升资产负债表信息的估值有用性；而相比其他所得税会计处理方法，资产负债表债务法的运用有助于提升资产负债表信息对评估企业价值的有用性（即估值有用性)，是与财务报告的概念框架最为协调一致的所得税会计处理方法，因此是最优的所得税会计处理方法。但是，本章通过分析后认为，资产负债表债务法下的所得税会计信息并不一定提升了财务报告的决策有用性。

最后，本章剖析了资产负债表债务法在理论上、逻辑上等多方面的缺陷，体现在："资产的计税基础"的定义在应收账款、具有融资性质的长期应收款等项目上难以解释；"暂时性差异"的定义无法涵盖那些会计上未作为资产和负债项目确认但税法能确定其计税基础的项目所产生的暂时性差异。在确定暂时性差异之后，又并非所有的暂时性差异都能确认为相应的递延所得税负债或递延所得税资产。原本用资产负债表债务法取代利润表债务法的目的之一，是想确认在利润表债务法下用"时间性差异"分析所涵盖不到的交易或事项的所得税影响，但是资产负债表债务法在这些环节上也未能很好地将该方法的理念始终贯穿，反倒将简单的问题复杂化，从成本效益分析的角度看得不偿失。因此，本章认为资产负债表债务法未必是最适合的、最优的所得税会计处理方法，并提出改进所得税会计处理方法的建议。

第4章 所得税会计信息的相关性与可靠性检验

本章与下一章拟回答的问题是：所得税会计处理方法的变革是否提高了会计信息对主要利益相关者的有用性？其中，本章拟检验所得税会计信息的相关性与可靠性。根据本书的界定，所得税会计信息的有用性首先应当符合有用财务信息质量特征的基本要求，即具备相关性与可靠性（如实反映）。因为只有符合有用财务信息质量特征的所得税会计信息，才可能对其使用者具备决策有用性或契约有用性。本章拟通过实证检验所得税会计信息的价值相关性来衡量所得税会计信息的相关性。另外，拟通过实证检验所得税会计信息对盈余稳健性的影响来衡量所得税会计信息的可靠性。

4.1 所得税会计信息的相关性检验：基于价值相关性角度

本节尝试将所得税会计处理方法变革置于会计制度整体变革的背景下，从所得税会计信息的市场效应角度（所得税会计信息的价值相关性）检验会计处理方法变革过程中所得税会计信息的经济后果。之所以选择价值相关性这一角度，主要基于以下两点考虑：

第一，检验所得税会计信息的价值相关性是对所得税会计处理方法变革是否合理有效的初步回答。我国2006年会计准则改革的重大变化是收益计量理念由收入费用观转变为资产负债观，而资产负债观的采用是遵循“决策有用性”财务报告目标的必然结果。在“决策有用性”财务报告目标的指导下，有用的财务信息质量的首要特征是“相关性”，量化为可检验的指标便是“价值相关性”。因此，检验所得税会计信息是否随着会计制度的变迁而提升了其价值相关性是对所得税会计处理方法变革是否合理有效的初步回答。

第二，我国现有研究对所得税会计信息价值相关性的研究存在不足。陈丽花等（2009）仅选取了2007年沪深A股上市公司的报表数据进行研究，并且未对不同的所得税会计处理方法的价值相关性进行比较。王小鹏（2011）虽考察了不同所得税会计处理方法下的信息含量，但是其检验的结果并不理想，部分变量的符号与预期相反，本节认为可能的原因是该文未排除税率变化以及所得税会计项目变动计入所有者权益的影响所致。

基于以上考虑，本节从所得税会计信息的市场效应入手，考察所得税会计信息的价值相关性。具体而言，本节研究了以下三个问题：首先，会计制度变迁背景下所得税会计处理方法的变革是否提升了所得税会计信息的价值相关性？回答这一问题是本节实证检验的基础，在回答这个问题之后，具体比较不同所得税会计处理方法的价值相关性才能得到进一步可靠的证据。其次，由应付税款法变革为纳税影响会计法是否提升了所得税会计信息的价值相关性？最后，从所得说会计信息的市场效应角度看，纳税影响会计法中的资产负债表债务法是否最优？对这三个问题的解答可以较好地从市场效应角度检验所得税会计处理方法变革的影响，以评价所得税会计处理方法变革的合理性与有效性。

本节以我国 A 股上市公司为研究对象，基于 2001 ~ 2015 年的数据发现，我国上市公司的所得税会计信息具有价值相关性；比较检验各种所得税会计处理方法的价值相关性时发现，资产负债表债务法下的所得税会计信息相比递延法和利润表债务法下的所得税会计信息仅有微弱增量的价值相关性，而资产负债表债务法相比应付税款法则未证实具有增量的价值相关性。

4.1.1　理论分析与研究假说

（1）会计制度变迁与所得税会计处理方法的变革

我国所得税会计处理方法的变革经历了三个阶段：①单一的应付税款法；②递延法、利润表债务法和应付税款法的可选择使用；③单一的资产负债表债务法。

在改革开放以前，我国的会计与税收法规高度一致，企业在会计处理中将企业所得税作为利润分配的组成部分，即所得税会计核算采用的是应付税款法。随着我国改革开放的不断深化和市场经济体制的逐步确立，我国会计和税收法规也进行了改革。我国财政部 1994 年 6 月 29 日颁布了《关于印发〈企业所得税会计处理的暂行规定〉的通知》（财会字［1994］第25号，以下简称《暂行规定》），根据该规定，从1994年1月1日起，企业所得税会计核算可选择应付税款法或纳税影响会计法，其中纳税影响会计法又具体分为递延法和债务法（利润表债务法）两种。1995年财政部又发布了《企业会计准则——所得税会计（征求意见稿）》，意见稿认为相较于递延法，债务法更科学，因此建议采用债务法。然而，该意见稿以及同期提出的其他具体准则征求意见稿由于受到了有关政府部门和实务界人士的强烈反对，最终未能成为正式的准则。到2000年，财政部发布了《企业会计制度》，并于2001年1月1日起暂在股份有限公司范围内实施。《企业会计制度》规定所得税会计处理可从应付税款法、递延法、利润表债务法三者中选择其一，基本上沿用了1994年的《暂行规定》，即可以选择采用应付税款法和纳税影响会计法进行所得税会计核算，采用纳税影响会计法的企业可以在递延法和（利润表）债务法两种方法中选择。

2001年之后，随着我国经济的发展和全球化进程的加快，一方面国内环境的变化要求对会计制度进行相应地改革；另一方面，美国、欧盟等发达国家和组织以我国会计准则同IFRS趋同程度不够为借口不承认我国的市场经济国家地位，对我国会计制度改革频频施加压力。在这一背景下，财政部加大了完善会计准则体系的力度，并于2006年2月15日正式发布了由1个基本准则和38个具体会计准则组成的会计准则体系（以下简称新会计准则），新会计准则于2007年1月1日在上市公司范围内全面施行。从2007年起开始实施的《企业会计准则第18号——所得税》（以下简称CAS18）明确规定只允许采用资产负债表债务法进行所得税的会计处理，取消了应付税款法、递延法和利润表债务法，基本实现了与国际会计准则IAS12（2000）的趋同。

从我国所得税会计准则、制度的变革历程看，1994 年与 2006 年的变革影响最为巨大。1994 年的所得税会计核算方法改革重新划分了所得税费用的性质，将所得税费用确认为一项费用。2006 年的改革则是整个会计收益计量理念的转变，由原来的“收入费用观”转变为“资产负债观”。资产负债观的采用是遵循“决策有用性”财务报告目标的必然结果。在“决策有用性”财务报告目标的指导下，会计信息质量的首要特征是“相关性”，量化为可检验的指标是“价值相关性”。我国 2006 年会计准则变革的主要意图之一是提升财务报告信息的相关性，而所得税会计作为资产负债观的典型体现，其核算方法的改革目标也是提升所得税会计信息的相关性。基于此，本节提出以下研究假说 H1：

H1：会计制度变迁背景下所得税会计核算方法的变革提升了所得税会计信息的价值相关性。

（2）纳税影响会计法取代应付税款法

之所以会有多种所得税会计的核算方法，是因为企业会计准则（制度）的规定与企业所得税法的规定有所不同。面对企业会计准则（制度）规定与企业所得税法规定的差异，出现了两种对立的观点，即“会税统一”和“会税分离”。

在会税统一的情况下，企业直接将所得税法规定计算的应交所得税作为财务会计中的所得税费用，将本期利润与应纳税所得额之间的差异所产生的纳税影响金额计入当期损益，这种所得税会计处理方法是应付税款法。采用应付税款法实际上是将企业所得税看做是企业的一项利润分配，即“利润分配论”。在 2007 年实施新会计准则之前，应付税款法仍是我国大部分上市公司采用的所得税会计处理方法。这可能是因为应付税款法操作简单、工作量小，所以对我国企业的适用性较强。但应付税款法将本期所得税费用等于本期应交所得税，不确认时间性差额的未来所得税影响的处理方式越来越受到批评，认为其不符合收入与费用的配比原则和权责发生制原则，并且容易造成税后净利润的波动。应付税款法最终被纳税影响会计法所取代。

而在会税分离的情形下，适宜采用的所得税会计处理的方法是纳税影响会计法。纳税影响会计法是将本期税前会计利润与应税所得额之间产生的时间性（暂时性）差异造成的纳税影响额，递延和分配到以后各期的所得税会计处理方法。该方法实质上是将企业所得税看做是企业的一项费用，即“费用论”。纳税影响会计法的优缺点正好与应付税款法相对应，其操作相对复杂、工作量大，但却符合权责发生制和配比原则的要求，使税前利润与所得税费用保持大致的比例关系，其由此成为国际上主要准则制定机构亲睐的所得税会计处理方法。

美国财务会计准则委员会（简称 FASB）、国际会计准则理事会（简称 IASB）和我国财政部制定的所得税会计准则均已取消应付税款法，规定采用纳税影响会计法中的资产负债表债务法。其理由除了上面提及的“会税分离”观下“费用论”更符合配比原则与权责发生制的要求外，更因为纳税影响会计法符合“决策有用性”财务报告目标的要求，且满足了财务报告信息质量特征的“相关性”特征。基于此，本节提出以下研究假说 H2。

H2：相比应付税款法，纳税影响会计法下所生成的所得税会计信息具有增量的价值相关性。

（3）资产负债表债务法“技压群雄”

纳税影响会计法包括递延法和债务法，债务法又分为利润表债务法和资产负债表债务法。纳税影响会计法之所以演变出递延法和债务法，是因为不同会计期间所得税税率可能会发生变化，而对税率的变化，有即时反应与不反应两种方式。递延法在税率变更时，不对以前各期发生而在本期转销的递延税款进行调整，而依然按照发生时的税率转回，体现了历史成本计量属性。债务法则要对税率变化进行反应，并且按新税率调整递延税款余额，体现了公允价值计量属性。因此，债务法反应的所得税会计信息相比递延法更具相关性。

债务法中的“利润表债务法”最后被“资产负债表债务法”取代，是以“决策有用观”财务报告目标的必然结果，资产负债表信息的估值有用性是资产负债表债务法被采用的理论依据。资产负债观下的会计处理更多地采用了公允价值计量，能提供与财务报表使用者决策更相关的会计信息。其次，利润表债务法是从利润表的角度出发考虑时间性差异对纳税的影响，其涵盖范围有限。有的特殊事项，如购买法下的企业合并会计处理，要求按被并购方可辨认净资产的公允价值入账，而税收法规规定按账面价值入账，这样产生的差异不属于时间性差异，而属于暂时性差异，在这种情况下无法用利润表债务法处理但能用资产负债表债务法进行处理。此外，递延法和利润表债务法虽然也能反映对未来所得税纳税影响的预期，但是在递延法和利润表债务法下的“递延税款”项目在资产负债表中的属性比较模糊，其并不属于企业的资产或负债，也不属于权益。而相比之下，资产负债表债务法作为资产负债观的典型体现，既能反映对未来所得税纳税影响的预期，又能满足“决策有用性”的财务报告目标的要求，其确认的递延所得税资产、负债还能符合资产和负债的定义，能明正言顺地在财务报表中进行列示，上述种种优点使该方法成为目前最受青睐的所得税会计处理方法。基于此，本节提出的研究假说如下 H3：

H3：相比递延法和利润表债务法，资产负债表债务法下所生成的所得税会计信息具有增量价值相关性。

4.1.2 研究设计

(1) 实证模型

为检验以上假设，本节借鉴 Barth（1994）、Ohlson（1995）和陈丽花等（2009）拟采用价格模型、收益模型和资产负债表模型进行检验，本节将价格模型和收益模型中的“净收益”划分为“税前利润总额”与“所得税费用”分别检验会计收益与所得税费用的价值相关性，进而还通过区分样本来检验资产负债表债务法相比应付税款法、递延法和利润表债务法的增量价值相关性。具体模型如下：

$$MV_{it} = \alpha_0 + \beta_1 BV_{it} + \beta_2 PROFZ_{it} + \beta_3 TAX_{it} + \varepsilon_{it} \quad (4-1)$$

$$R_{it} = \alpha_0 + \beta_1 PROFZ_{it}/P_{t-1} + \beta_2 TAX_{it}/P_{t-1} + \beta_3 \triangle PROFZ_{it}/P_{t-1} + \beta_4 \triangle TAX_{it}/P_{t-1} + \varepsilon_{it} \quad (4-2)$$

$$MV_{it} = \alpha_0 + \beta_1 BVA_{it} + \beta_2 BVL_{it} + \beta_3 DTA_{it} + \beta_4 DTL_{it} + \varepsilon_{it} \quad (4-3)$$

$$MV_{it} = \alpha_0 + \beta_1 BVA_{it} + \beta_2 BVL_{it} + \beta_3 DT_{it} + \varepsilon_{it} \quad (4-4)$$

(2) 变量定义

模型（4-1）、（4-2）、（4-3）与（4-4）中的变量定义如表 4-1 所示。

表 4-1　　变量定义表

变量名	变量定义
MV_{it}	MV_{it}表示 i 公司 t 年末的企业市场价值，在模型中用年末发行在外的总股数进行标准化。
R_{it}	R_{it}表示 i 公司从 t 年 5 月至 t+1 年 4 月的股票累积年度报酬率，其计算公式为 $R_{it} = \prod_{j}^{4=-8}(1 + RET_{ij}) - 1$，其中 RET_{ij}表示 i 公司第 j 个月的考虑现金红利再投资的月个股报酬率。

续表

变量名	变量定义
BV_{it}	BV_{it}表示 i 公司 t 年末的净资产，在模型中用年末发行在外的总股数进行标准化。
$PROFZ_{it}$	$PROFZ_{it}$表示 i 公司 t 年末的税前利润总额，在模型中用年末发行在外的总股数进行标准化。
$\triangle PROFZ_{it}$	$\triangle PROFZ_{it}$表示 i 公司 t 年末的税前利润总额相比 t－1 年末税前利润总额的增加额。
P_{t-1}	P_{t-1}表示 t 年 4 月末的股票收盘价。
TAX_{it}	TAX_{it}表示 i 公司 t 年末的所得税费用，在模型中用年末发行在外的总股数进行标准化。
$\triangle TAX_{it}$	$\triangle TAX_{it}$表示 i 公司 t 年末的所得税费用相比 t－1 年末所得税费用的增加额。
BVA_{it}	BVA_{it}表示 i 公司 t 年末减去递延所得税资产（递延税款借项）后的年末总资产账面价值，在模型中用年末发行在外的总股数进行标准化。
BVL_{it}	BVL_{it}表示 i 公司 t 年末减去递延所得税负债（递延税款贷项）后的年末总负债账面价值，在模型中用年末发行在外的总股数进行标准化。
DTA_{it}	DTA_{it}在 2007 年以前表示年末递延税款借项，2007 年及以后表示年末递延所得税资产余额，在模型中用年末发行在外的总股数进行标准化。
DTL_{it}	DTL_{it}在 2007 年以前表示年末递延税款贷项，2007 年及以后表示年末递延所得税负债余额，在模型中用年末发行在外的总股数进行标准化。
DT_{it}	DT_{it}表示 i 公司 t 年末的递延所得税净额，主要用于衡量 2007 年实施新会计准则以后的递延所得税净额，等于（DTA－DTL），在模型中用年末发行在外的总股数进行标准化。

本节的第一个假说可通过模型（4-1）、模型（4-2）、模型（4-3）和模型（4-4）进行检验。其中模型（4-1）的主要解释因子是β_3，模型（4-2）的主要解释因子是β_2和β_4，模型（4-3）的主要解释因子是β_3和β_4，模型（4-4）的主要解释因子是β_3，验证所得税会计信息是否具有价值相关性。本节的第二、第三个假说可通过模型（4-1）、模型（4-2）和模型（4-3），使用2006年分别按新旧会计准则编制的会计数据进行Vuong检验，比较资产负债表债务法相比应付税款法、递延法和利润表债务法下的所得税会计信息是否具有增量的价值相关性。Vuong检验①是比较两个模型解释里是否有重大差异的一种检验方法，比较分别按新旧准则编制的所得税会计信息的价值相关性的差异。

4.1.3 研究样本与描述性统计

（1）样本选择与数据来源

本节拟选取沪深两市2001~2015年A股上市公司的研究样本，对研究假设进行检验。本节所采用的资产负债表、利润表数据来自CSMAR数据库，所得税税率信息来自WIND数据库，还有2007年以前上市公司的所得税会计政策等相关信息则通过手工收集和整理。本节在样本选取上进行了如下处理：①由于当年IPO的公司、金融类上市公司和被特别处理公司的会计利润和市场报酬率与其他公司年份有较大差异，因此本节剔除了当年IPO的公司、金融类上市公司、ST公司和数据缺失的上市公司样本。

① Vuong（1989）检验的原理是：假设按旧准则编制的所得税会计数据为modA，按新准则编制的所得税会计数据为modB。如果Vuong检验所构造的Z统计量显著为正，则modA解释能力更强；如果显著为负，则modB解释能力更强；如果Z统计量不显著异于0，则无法区分两个模型解释能力的强弱。不过，Vuong检验有个特点，它只对R^2进行检验，而不是对调整R^2进行检验。

同时对模型中的连续型变量在其分布的 1% 以下和 99% 以上的观测值进行极值调整（Winsorize）。②在检验假说 H1 时，考虑到我国 2008 年企业所得税税率的变化对企业的价值会有影响（王跃堂等，2009），本节将在初步检验之后，选取 2001～2015 年税率维持在 15% 的上市公司进行检验，以控制所得税税率变化的影响。③在检验假说 H2 和假说 H3 时，本节选取 2006 年的数据进行检验。选取 2006 年是因为，2007 年实施新会计准则后会对 2006 年年末（2007 年年初）以旧会计准则编制的数据按新会计准则进行调整，也即将原来按应付税款法、递延法或利润表债务法编制的所得税会计信息调整为按资产负债表债务法编制。这为比较不同方法下的所得税会计信息提供了数据。④另外，考虑到在 2007 年实施的新会计准则中，不仅所得税会计处理方法进行了变革，同时还引入了公允价值计量。公允价值计量也会影响递延所得税金额。为排除这部分影响，本节在进行以上检验之后，将进一步剔除存在"公允价值变动损益"的公司或者"公允价值变动损益"大于零的公司样本进行检验，以增强检验的可靠性。经过整理，本节选取的样本如表 4－2 所示。⑤在比较资产负债表债务法相比应付税款法、递延法和利润表债务法下所得税会计信息的增量的价值相关性时，本节选取 2006 年的公司样本，采用 Vuong 检验，比较资产负债表债务法下的所得税会计信息是否比其他方法下的所得税会计信息更具有增量价值相关性。经过整理，2006 年我国 A 股上市公司采用的所得税会计处理方法的情况如表 4－3 所示。

表 4－2　　　　各期间样本量

期间	2001～2006 年	2007～2015 年	2001～2015 年合计
总样本公司（家）	5471	14304	19775

续表

期间	2001～2006年	2007～2015年	2001～2015年合计
税率为15%，并扣除“公允价值变动损益”之后的公司（家）	2632	5434	8066

表4-3　2006年我国A股上市公司采用的所得税会计处理方法的情况表

所得税会计处理方法分类	样本量（个）	所占比例
采用应付税款法	1127	97.3%
采用纳税影响会计法	34	2.7%
其中：利润表债务法	23	
递延法	3	
未指明	8	
总样本	1161	100%

注：表4-3中的样本是经过去掉当年IPO、ST以及数据缺失样本后的样本。

表4-3中显示，2006年A股上市公司的有效样本是1161个，其中采用应付税款法的公司有1127个，占总样本的97.3%；而采用纳税影响会计法的公司只有34个，占总样本的2.7%。说明在会计准则变更前，大多数A股上市公司是选择采用应付税款法对企业所得税会计进行核算。

（2）描述性统计

各主要变量的描述性统计如表4-4所示。

表4-4　描述性统计

期间	2001～2006年					2007～2015年				
变量	样本量（个）	均值	标准差	最小值	最大值	样本量（个）	均值	标准差	最小值	最大值
MV	5436	9.318	5.787	2.390	59.580	14304	14.898	10.790	2.390	59.580

续表

期间	2001～2006 年					2007～2015 年				
变量	样本量（个）	均值	标准差	最小值	最大值	样本量（个）	均值	标准差	最小值	最大值
BV	5436	3.158	1.479	-0.043	12.334	14304	4.194	2.468	-0.043	12.334
PROFZ	5436	0.256	0.412	-1.114	2.543	14304	0.424	0.560	-1.114	2.543
TAX	5436	0.066	0.082	-0.037	0.565	14304	0.088	0.108	-0.037	0.565
R	5436	0.042	0.511	-0.926	2.114	14304	0.071	0.428	-0.926	2.114
BVA	5436	6.699	3.799	1.165	35.686	14304	8.920	6.519	1.165	35.686
BVL	5436	3.556	2.983	0.186	26.539	14304	4.727	5.084	0.186	26.539
DTA	5436	0.001	0.010	0.000	0.393	14304	0.052	0.072	0.000	0.393
DTL	5436	0.001	0.012	0.000	0.474	14304	0.026	0.077	0.000	0.474
DT	—	—	—	—	—	14304	0.026	0.093	-0.373	0.344

注：①DT 在 2001～2006 年为空是因为其已经表示为 DTA 和 DTL。②以上所有规模变量均采用当年末上市公司发行在外的总股份数标准化。

根据表 4－4，可以得到的主要结论有：①2001～2006 年，经过年末总股数标准化后的递延税款借项（DTA）和递延税款贷项（DTL）均值都非常小，这是由我国 2007 年以前使用纳税影响会计法的上市公司的数量少所致。在上市公司 2007 年采用资产负债表债务法后，DTA 和 DTL 所占的比例逐年增大。②2007 年以前，上市公司确认的递延税款贷项均值则大于递延税款借项。而在 2007 年以后，上市公司确认的递延所得税资产均值大于递延所得税负债均值。这一定程度上反映出 2007 年实施的新准则对稳健性原则要求的降低。新准则虽然对递延所得税资产的确认规定了相对严格的条件，并且要求上市公司定期估计递延所得税资产的减值准备。但是分析上市公司实施新准则 5 年来的报表数据可以发现，上市公司确认的递延所得税资产每年有增无减，并且少有确认减值的情况发生。而即使“估计”减值，也需要上市公司进行主观判断，这又是降低稳健性的体现。

（3）相关系数

各主要变量的相关系数如表 4－5 所示。

表 4－5　　主要变量的 Pearson 和 Spearman 相关系数检验表

Spearman \ Pearson	MV	BV	PROZF	TAX	R	BVA	BVL	DT	DTA	DTL
MV	1	0.4464	0.5552	0.3919	0.3904	0.2715	0.0748	0.2847	0.3657	0.1003
		<.0001	<.0001	<.0001	<.0001	<.0001	<.0001	<.0001	<.0001	<.0001
BV	0.4924	1	0.6148	0.4954	0.0080	0.7339	0.3569	0.1512	0.2734	0.1413
	<.0001		<.0001	<.0001	0.4637	<.0001	<.0001	<.0001	<.0001	<.0001
PROFZ	0.6276	0.6379	1	0.8342	0.1425	0.4558	0.2311	0.1444	0.2424	0.1357
	<.0001	<.0001		<.0001	<.0001	<.0001	<.0001	<.0001	<.0001	<.0001
TAX	0.5001	0.5243	0.8601	1	0.1233	0.4400	0.2852	0.0945	0.1918	0.1288
	<.0001	<.0001	<.0001		<.0001	<.0001	<.0001	<.0001	<.0001	<.0001
R	0.2977	−0.0438	0.0586	0.0665	1	0.0298	0.0572	0.08633	0.1058	0.0329
	<.0001	<.0001	<.0001	<.0001		0.0063	<.0001	<.0001	<.0001	0.0026
BVA	0.3136	0.6993	0.4986	0.4956	0.0046	1	0.8672	0.2180	0.3683	0.1997
	<.0001	<.0001	<.0001	<.0001	0.6744		<.0001	<.0001	<.0001	<.0001
BVL	0.1550	0.4003	0.3194	0.3734	0.0295	0.9317	1	0.20906	0.3315	0.1842
	<.0001	<.0001	<.0001	<.0001	0.0069	<.0001		<.0001	<.0001	<.0001
DT	0.1465	0.0591	0.1042	0.0937	0.0483	0.1554	0.1912	1	0.7421	−0.1593
	<.0001	<.0001	<.0001	<.0001	<.0001	<.0001	<.0001		<.0001	<.0001
DTA	0.2970	0.3269	0.3452	0.3475	0.0484	0.4902	0.4730	0.5507	1	0.3551
	<.0001	<.0001	<.0001	<.0001	<.0001	<.0001	<.0001	<.0001		<.0001
DTL	0.0845	0.2132	0.1724	0.1868	−0.0134	0.2404	0.1840	−0.6986	0.1966	1
	<.0001	<.0001	<.0001	<.0001	0.2189	<.0001	<.0001	<.0001	<.0001	

表 4－5 是本节主要变量的相关性检验表。表中 PROFZ 与 TAX，BV 与 BVA，BVA 与 BVL 的相关性系数较大。不过从本节实证检验的结果看，检验的结果均比较显著，因此以上变量的相关性较大对本节检验结果的影响并不大。

4.1.4　实证检验结果与分析

在这一部分将分别对本节的三个研究假说进行实证检验。

（1）第一个研究假说的实证检验

本节通过模型（4－1）、模型（4－2）、模型（4－3）和模型（4－4）来对假说 H1 进行检验，模型回归的结果如表 4－6 所示。在表 4－6 模型（4－1）价格模型中，TAX 在 2001～2015 年总体样本期间与 2001～2006 年与 2007～2015 年分样本期间的回归系数均显著小于零，表明 2001～2015 年的所得税费用在准则变更前后均具有价值相关性。在模型（4－2）收益模型中，TAX 在 2001～2015 年总期间与 2001～2006 年、2007～2015 年分期间的回归系数显著大于零；△TAX 的回归系数在 2001～2015 年期间与 2001～2006 年期间的回归系数小于零，2007～2015 年分期间的回归系数大于零，但不显著。模型（4－2）中的 TAX 的回归系数符号为正，表示所得税费用与公司累计股票回报率显著正相关，它与模型（4－1）中 TAX 回归系数的符号不一致，可能的解释是投资者将所得税作为企业经济利润的另一种衡量方式，因而所得税费用与股票回报率显著正相关，但△TAX 越大则净利润的减少越多，因而△TAX 与当年股票回报率负相关。模型（4－3）中 DTA、DTL，与模型（4－4）中的 DT 基本都与股价显著相关。综合来看，表 4－6 的检验结果初步支持了假说 H1，即所得税费用信息具有价值相关性。

表 4-6　所得税会计信息价值相关性的初步检验结果

Ⅰ：模型（4-1）和模型（4-2）的回归结果：

因变量 / 自变量	模型（4-1）			模型（4-2）		
	MV			R		
	2001~2015年	2001~2006年	2007~2015年	2001~2015年	2001~2006年	2007~2015年
BV	1.178*** (0.0345)	0.552*** (0.0611)	1.084*** (0.0407)	— —	— —	— —
PROFZ	7.020*** (0.221)	4.320*** (0.284)	7.563*** (0.277)	-0.0807 (0.107)	-0.138 (0.178)	-0.0863 (0.139)
TAX	-10.09*** (1.064)	-6.884*** (1.320)	-10.37*** (1.345)	3.294*** (0.544)	6.171*** (0.949)	2.062*** (0.686)
△PROFZ				1.746*** (0.0959)	2.425*** (0.162)	1.294*** (0.121)
△TAX	— —	— —		-1.055 (0.669)	-2.824** (1.293)	0.754 (0.794)
α	6.934*** (0.126)	6.956*** (0.184)	8.058*** (0.158)	0.0434*** (0.00423)	-0.00333 (0.00895)	0.0610*** (0.00475)
样本量（个）	19775	5471	14304	19775	5471	14304
F值	2247.89	242.57	1598.77	186.38	109.58	81.67
调整的 R^2	0.254	0.117	0.251	0.036	0.074	0.022

Ⅱ：模型（4-3）和模型（4-4）的回归结果：

因变量 / 自变量	模型（4-3）			模型（4-4）
	MV			MV
	2001~2015年	2001~2006年	2007~2015年	2007~2015年
BVA	1.979*** (0.0291)	1.136*** (0.0513)	2.041*** (0.0341)	2.044*** (0.0329)

续表

因变量 / 自变量	模型（4-3）			模型（4-4）
	MV			MV
	2001～2015 年	2001～2006 年	2007～2015 年	2007～2015 年
BVL	-2.398***	-1.358***	-2.434***	-2.434***
	(0.0363)	(0.0653)	(0.0424)	(0.0424)
DTA	20.00***	-9.037	10.49***	—
	(1.147)	(7.251)	(1.349)	—
DTL	-7.064***	7.840	-9.984***	—
	(0.979)	(6.561)	(1.077)	—
DT				10.54***
				(0.880)
α	6.860***	6.568***	7.908***	7.899***
	(0.122)	(0.174)	(0.154)	(0.154)
样本量（个）	19775	5471	14304	14304
F 值	1446.80	123.36	995.65	1329.32
调整的 R^2	0.226	0.083	0.218	0.218

注：表中各回归系数下括号内的数值表示各回归系数的标准差，***表示在 1% 水平上显著，**表示在 5% 水平上显著，*表示在 10% 水平上显著。

但值得注意的是，表 4-6 的回归结果并未控制税率变动的影响，并且未将所得税会计项目变动计入所有者权益（公允价值变动损益）部分的影响剔除，这对回归结果可能会有一定影响。为控制这两者的影响，本节挑选 2001～2015 年税率保持在 15% 的公司样本，同时剔除“公允价值变动损益”大于零的公司，采用相对“干净”的样本来进一步检验所得税会计信息是否依然具有价值相关性。

在排除所得税税率变更与公允价值变动损益影响之后进行检

验的结果如表 4 – 7 所示。表 4 – 7 中的模型（4 – 1）、模型（4 – 3）和模型（4 – 4）的检验结果与表 4 – 6 中的检验结果一致，模型（4 – 2）的检验结果相对表 4 – 6 的检验结果更加显著。因此，表 4 – 7 进一步验证了假设 H1，即所得税费用具有价值相关性。

表 4 – 7　所得税会计信息价值相关性的进一步检验结果（选择税率为 15%并扣除“公允价值变动损益”不为零的公司样本）

Ⅰ：模型（4 – 1）和模型（4 – 2）的回归结果						
因变量 / 自变量	模型（4 – 1）			模型（4 – 2）		
	MV			R		
	2001 ~ 2015 年	2001 ~ 2006 年	2007 ~ 2015 年	2001 ~ 2015 年	2001 ~ 2006 年	2007 ~ 2015 年
BV	1.264***	0.404***	1.043***	—	—	—
	(0.0574)	(0.0964)	(0.0705)	—	—	—
PROFZ	6.685***	4.648***	7.784***	0.187	0.104	0.258
	(0.422)	(0.443)	(0.585)	(0.183)	(0.242)	(0.298)
TAX	−1.115	−8.719***	−1.276	5.523***	9.322***	2.715
	(2.709)	(3.056)	(3.674)	(1.318)	(1.850)	(2.023)
△PROFZ				1.895***	2.347***	1.281***
				(0.168)	(0.226)	(0.262)
△TAX	—	—	—	1.599	−2.449	6.014***
	—	—	—	(1.454)	(2.350)	(1.972)
α	7.619***	8.467***	9.517***	0.0309***	−0.0119	0.0531***
	(0.222)	(0.286)	(0.302)	(0.00710)	(0.0125)	(0.00878)
样本量（个）	8066	2632	5434	8066	2632	5434
F 值	862.59	94.31	542.78	98.31	61.43	40.05
调整的 R^2	0.243	0.097	0.231	0.047	0.086	0.029

续表

Ⅱ：模型（4－3）和模型（4－4）的回归结果				
自变量＼因变量	模型（4－3）			模型（4－4）
	MV			MV
	2001～2015 年	2001～2006 年	2007～2015 年	2007～2015 年
BVA	2.003 ***	1.096 ***	2.007 ***	2.047 ***
	(0.0495)	(0.0784)	(0.0614)	(0.0595)
BVL	－2.538 ***	－1.436 ***	－2.471 ***	－2.482 ***
	(0.0623)	(0.101)	(0.0778)	(0.0777)
DTA	31.26 ***	－2.438	14.40 ***	—
	(2.485)	(9.308)	(3.119)	—
DTL	1.782	5.503	－2.212	—
	(3.248)	(15.29)	(3.666)	—
DT	—	—	—	9.273 ***
	—	—	—	(2.466)
α	7.968 ***	8.147 ***	9.442 ***	9.435 ***
	(0.22)	(0.268)	(0.305)	(0.306)
样本量（个）	8066	2632	5434	5434
F 值	575.03	52.19	305.03	403.78
调整的 R^2	0.222	0.074	0.183	0.182

注：表中各回归系数下括号内的数值表示各回归系数的标准差，***表示在 1% 水平上显著，**表示在 5% 水平上显著，* 表示在 10% 水平上显著。

（2）第二个研究假说的实证检验

资产负债表债务法相比应付税款法下所得税会计信息的增量价值相关性的检验结果如表 4－8 所示。表 4－8 模型（4－1）中两种所得税会计核算方法下生成的所得税费用 TAX 均与股价显著正相关。用 Vuong 检验，Vuong 统计量小于零，但是不显著，说明无法区分两种方法解释能力的强弱。模型（4－2）与模型（4－3）的检验结果与模型（4－1）类似，Vuong 检验的结果也不显著异于零，同样无法区分两种方法解释能力的强弱。因此，表 4－8 的检验结果未能支持假说 H2，即未能验证资产负债表债务法相比应付税款法下所生成的所得税会计信息具有增量的价值相关性。

表 4－8　资产负债表债务法相比应付税款法下的所得税会计信息的增量价值相关性的检验结果

因变量 / 自变量	模型（4－1）		模型（4－2）		模型（4－3）	
	MV		R		MV	
	旧准则	新准则	旧准则	新准则	旧准则	新准则
BV	0.835***	0.986***	—	—	—	—
	(0.174)	(0.154)	—	—	—	—
PROFZ	4.619***	4.551***	－0.649**	－0.675**	—	—
	(0.609)	(0.562)	(0.280)	(0.279)	—	—
TAX	26.14***	21.47***	－0.590	0.236	—	—
	(2.989)	(2.795)	(3.643)	(3.594)	-	-
△PROFZ	—	—	1.040***	1.046***	—	—
	—	—	(0.231)	(0.231)	—	—
△TAX	—	—	8.655*	10.59**	—	—
	—	—	(5.145)	(4.502)	—	—
BVA	—	—	—	—	2.410***	2.425***
	—	—	—	—	(0.159)	(0.149)
BVL	—	—	—	—	－2.188***	－2.343***
	—	—	—	—	(0.199)	(0.186)
DTA	—	—	—	—	－3.112	6.533*
	—	—	—	—	(8.062)	(3.960)

续表

自变量＼因变量	模型（4-1）		模型（4-2）		模型（4-3）	
	MV		R		MV	
	旧准则	新准则	旧准则	新准则	旧准则	新准则
DTL	— —	— —	— —	— —	34.82*** (10.090)	-0.467 (1.557)
α	9.275*** (0.507)	8.933*** (0.466)	2.608*** (0.0646)	2.593*** (0.0639)	6.940*** (0.532)	6.935*** (0.483)
样本量（个）	1127	1125	1095	1093	1127	1103
F值	220.23	263.78	6.98	8.53	80.75	101.91
调整的 R^2	0.369	0.412	0.021	0.027	0.221	0.268
Vuong统计量	-1.0844		-1.4322		-1.317	
p-value	0.2782		0.1521		0.1878	

注：表中各回归系数下括号内的数值表示各回归系数的标准差，***表示在1%水平上显著，**表示在5%水平上显著，*表示在10%水平上显著。

（3）第三个研究假说的实证检验

为检验假说H3，本节采用在2006年用递延法和利润表债务法的公司样本进行检验。检验的结果如表4-9所示。表4-9中模型（4-1）按资产负债表债务法与按递延法或利润表债务法生成的所得税费用与股价显著负相关，用Vuong检验比较两种方法的解释力显示，Vuong统计量小于零，但是不显著，说明无法区分两个方法的解释能力强弱。模型（4-2）的检验结果与模型（4-1）类似，也无法区分两种方法价值相关性的解释力强弱。只有模型（4-3）的Vuong检验结果显示，Vuong统计量在10%的显著性水平显著为负，在一定程度上表明新准则及资产负债表债务法下的所得税会计信息相比递延法或利润表债务法的价值相关性增加，这在一定程度上能支持假说 H3，即资产负债表债务法相比递延法或利润表债务法所生成的所得税会计信息具有微弱增量的价值相关性。

表 4－9　资产负债表债务法相比递延法、利润表债务法下的所得税会计信息的增量价值相关性的检验结果

Ⅰ：模型（4－1）、模型（4－2）的回归结果				
因变量 / 自变量	模型（4－1）		模型（4－2）	
	MV		R	
	旧准则	新准则	旧准则	新准则
BV	2.258***	2.524***	—	—
	(0.688)	(0.539)	—	—
PROFZ	11.48***	4.285**	－1.522	－2.042
	(3.001)	(1.840)	(3.143)	(3.272)
TAX	－35.75**	－17.63*	－0.879	1.522
	(13.38)	(10.21)	(15.50)	(15.74)
△PROFZ	—	—	3.326	2.568
	—	—	(4.101)	(3.933)
△TAX	—	—	26.72	18.75
	—	—	(36.47)	(34.61)
α	5.956**	4.879**	2.292***	2.266***
	(2.347)	(1.815)	(0.310)	(0.314)
样本量（个）	34	34	30	30
F 值	15.7	31.25	0.78	0.55
调整的 R^2	0.572	0.733	－0.0318	－0.0667
Vuong 统计量	－1.5668		1.078	
p－value	0.1172		0.281	

续表

Ⅱ：模型（4－3）的回归结果		
自变量＼因变量	模型（4－3）	
	MV	
	旧准则	新准则
BVA	2.463***	1.804***
	(0.806)	(0.515)
BVL	－2.445***	－1.793***
	(0.755)	(0.485)
DTA	40.63	34.74**
	(28.72)	(15.86)
DTL	－46.65	－15.80
	(41.19)	(17.16)
α	4.369	5.336***
	(2.890)	(1.692)
样本量（个）	34	31
F 值	8.6	20.81
调整的 R^2	0.479	0.725
Vuong 统计量	－1.8852	
p－value	0.0594	

（4）稳健性测试

本节采取以下方式进行稳健性测试：①用母公司报表数据检验。②进一步区分样本，采取 2001～2006 年、2007～2009 年与 2010～2015 年期间样本回归，排除所得税税率变更的影响。上述测试均采用 OLS 估计，稳健性测试结果与本节的检验并无显著差异，支持本节的经验证据。稳健性检验的结果如表 4－10、表 4－11、表 4－12 和表 4－13 所示：

表 4 – 10　　所得税会计信息价值相关性的稳健性检验（1）

变量＼年份	模型（4 – 1）		
	2001 ~ 2006 年	2007 ~ 2009 年	2010 ~ 2015 年
BV	0.404 *** (0.0964)	0.961 *** (0.1520)	0.948 *** (0.0810)
PROFZ	4.648 *** (0.443)	5.823 *** (0.806)	8.870 *** (0.732)
TAX	– 8.719 *** (3.056)	11.51 ** (4.540)	– 6.522 (4.701)
α	8.467 *** (0.286)	8.004 *** (0.495)	10.28 *** (0.361)
样本量（个）	2632	1009	4425
R^2	0.097	0.354	0.210

注：表中各回归系数下括号内的数值表示各回归系数的标准差，***表示在 1% 水平上显著，**表示在 5% 水平上显著，* 表示在 10% 水平上显著。

表 4 – 11　　所得税会计信息价值相关性的稳健性检验（2）

变量＼年份	模型（4 – 2）		
	2001 ~ 2006 年	2007 ~ 2009 年	2010 ~ 2015 年
PROFZ	0.104 (0.242)	1.544 *** (0.515)	– 0.247 (0.358)
TAX	9.322 *** (1.850)	5.389 (3.935)	3.980 * (2.372)
DPROFZ	2.347 *** (0.226)	– 0.137 (0.425)	1.785 *** (0.324)
DTAX	– 2.449 (2.350)	0.0629 (3.339)	6.921 *** (2.429)

续表

年份 变量	模型（4－2）		
	2001～2006 年	2007～2009 年	2010～2015 年
α	－0. 0119 （0. 01250）	0. 0466 ** （0. 01900）	0. 0550 *** （0. 00986）
样本量（个）	2632	1009	4425
R^2	0. 086	0. 033	0. 033

注：表中各回归系数下括号内的数值表示各回归系数的标准差，***表示在 1% 水平上显著，**表示在 5% 水平上显著，* 表示在 10% 水平上显著。

表 4－12　所得税会计信息价值相关性的稳健性检验（3）

年份 变量	模型（4－3）		
	2001～2006 年	2007～2009 年	2010～2015 年
BVA	1. 096 *** （0. 0784）	2. 233 *** （0. 1400）	1. 928 *** （0. 0700）
BVL	－1. 436 *** （0. 1010）	－2. 395 *** （0. 1800）	－2. 458 *** （0. 0884）
DTA	－2. 438 （9. 308）	17. 23 *** （5. 874）	14. 45 *** （3. 559）
DTL	5. 503 （15. 290）	－10. 03 ** （5. 070）	1. 354 （4. 558）
α	8. 147 *** （0. 268）	6. 751 *** （0. 507）	10. 16 *** （0. 363）
样本量（个）	2632	1009	4425
R^2	0. 074	0. 244	0. 168

注：表中各回归系数下括号内的数值表示各回归系数的标准差，***表示在 1% 水平上显著，**表示在 5% 水平上显著，* 表示在 10% 水平上显著。

表 4-13　　所得税会计信息价值相关性的稳健性检验（4）

变量＼年份	模型（4-4）		
	2007~2015 年	2007~2009 年	2010~2015 年
BVA	2.047*** (0.0595)	2.259*** (0.1370)	1.979*** (0.0676)
BVL	-2.482*** (0.0777)	-2.406*** (0.1800)	-2.471*** (0.0884)
DT	9.273*** (2.466)	13.72*** (4.061)	8.280*** (2.901)
α	9.435*** (0.306)	6.763*** (0.506)	10.14*** (0.363)
样本量（个）	5434	1009	4425
R^2	0.182	0.244	0.167

注：表中各回归系数下括号内的数值表示各回归系数的标准差，***表示在 1% 水平上显著，**表示在 5% 水平上显著，* 表示在 10% 水平上显著。

（5）小结

本节以我国 A 股上市公司为研究对象，基于 2001~2015 年的数据发现，我国上市公司的所得税会计信息具有价值相关性；在比较几种所得税会计处理方法的价值相关性方面，检验发现资产负债表债务法相比递延法和利润表债务法所生成的所得税会计信息仅有微弱增量的价值相关性，而资产负债表债务法相比应付税款法则未证实具有增量的价值相关性。不过，本节在比较几种所得税会计核算方法的价值相关性时数据期间较短，样本量也有限，这使得本节研究的可靠性不足，之后的研究中可以进一步完善。

4.2　所得税会计信息的可靠性检验：基于盈余稳健性角度

本章还尝试通过实证检验所得税会计信息对盈余稳健性的影响来衡量所得税会计信息的可靠性。因为稳健性强调历史成本计量，是与可靠性的要求相符合的信息质量特征。另一方面，稳健性对利得和损失确认的可证实程度和及时性施加不对称约束，既强化了可靠性，又修正了相关性的要求，使得可靠性与相关性在一定程度上得以兼顾（毛新述和戴德明，2008）。因此，衡量所得税会计方法选择对盈余稳健性的影响，可以从一定程度上衡量所得税会计信息的可靠性。

需要说明的是，本节所指的所得税会计信息对盈余稳健性的影响与 Watts（2003a）所指的稳健性产生的税收动因不同。在应税收益与会计收益相挂钩的情况下，企业有动机延迟确认未实现的收益、及时确认未实现的损失，以降低所得税税收的现值，提高企业的价值。这是促使稳健性产生的税收动因。而本节所涉及的税收问题并非是检验稳健性的税收动因是否成立，而是要检验在遵循稳健性的要求下，所得税会计处理方法的选择对盈余稳健性的影响，重点检验纳税影响会计法下的所得税会计信息对盈余稳健性的影响。之所以没有检验应付税款法下的所得税会计信息对盈余稳健性的影响，是因为在应付税款法下，会计标准完全遵从税收法规，在这种情况下难以体现和检验应付税款法下的所得税会计信息对稳健性有影响。而纳税影响会计法的处理与税收法规各自独立，其信息对稳健性的影响则容易体现和检验。

本节以我国 A 股上市公司为研究对象，基于 2001 ~ 2015 年的数据研究发现：①利润表债务法或递延法下的“递延税款借项”和资产负债表债务法下“递延所得税资产”均对盈余稳健性有负面的影响，即递延所得税资产（递延税款借项）的金额越大，盈余稳健性程度就可能越低。其中，“递延所得税资产”对盈余稳健性的负面影响比“递延税款借项”的负面影响更显著。②利润表债务法或递延法下的“递延税款贷项”对盈余稳健性有正面的影响，即递延税款贷项的金额越大，盈余稳健性越高就可能影响越大。而资产负债表债务法下“递延所得税负债”对盈余稳健性未表现出正面影响。

4.2.1 理论分析与研究假说

我国 1994 年的《企业所得税会计处理的暂行规定》规定：在税前会计利润小于纳税所得时，为了慎重起见，如在以后转销时间性差异的时期内，有足够的纳税所得予以转销的，才能采用纳税影响会计法，否则，也应采用应付税款法进行会计处理。我国 2000 年的《企业会计制度》第一百零七条中也规定：采用纳税影响会计法时，在时间性差异所产生的递延税款借方金额的情况下，为了慎重起见，如在以后转回时间性差异的时期内（一般为 3 年），有足够的应纳税所得额予以转回的，才能确认时间性差异的所得税影响金额，并作为递延税款的借方反映，否则，应于发生当期视同永久性差异处理。我国 2006 年出台的《企业会计准则第 18 号——所得税》（简称 CAS 18）也有类似规定，即：企业应当以很可能取得用来抵扣可抵扣暂时性差异的应纳税所得额为限，确认由可抵扣暂时性差异产生的递延所得税资产。在资产负债表日，如果有确凿证据表明未来期间很可能获取足够的应纳税所得额用来抵扣可抵扣暂时性差异，则应当确认以前期间未确认的递延所得税资产。

以上规定在理论上均符合稳健性原则的要求，但是在实际操作中，对于“企业在未来能够取得足够的应纳税所得额”，究竟怎样判断未来能够或不能够取得足够的应纳税所得额，会计准则、制度或暂行规定都未给出过判断标准，这就可能使企业在相应的实际操作中比较随意和主观，需要会计人员的主观判断。会计人员的主观判断，实际上更多是依据企业管理层判断，这相当于给企业管理层提供了机会主义（盈余管理）的空间。而纳税影响会计法下递延所得税资产（递延税款借项）的确认大多数情况下会同时影响资产负债表和利润表。这些信息并不具备可靠性和可验证性，审计师也难以审计。此外，资产负债表债务法下递延所得税资产的确认还会受减值准备的影响。因为企业对资产计提减值准备的同时，需要确认相应的递延所得税资产，这会产生对该减值准备降低当年所得税税率比率。因此，递延所得税资产（递延税款借项）的确认会对盈余稳健性有负面的影响。而递延所得税负债（递延税款贷项）的确认在一般情况下不会使会计利润虚高，因而对盈余稳健性会有正面的影响。不过，在税率变动的情况下，债务法下递延所得税负债（递延税款贷项）是根据预期税率确认的，这会给递延所得税负债（递延税款贷项）的确认带来不确定因素。因此，虽然递延所得税负债（递延税款贷项）的确认相对而言更可靠和稳健，但在税率变动的情况下，递延所得税负债（递延税款贷项）的确认也会造成一定的负面影响。

通过第 3 章的理论分析可知，资产负债表债务法相比递延法和利润表债务法是更完整的纳税影响会计法。纳税影响会计法的理念在资产负债表债务法中体现得更加充分。因此，在资产负债表债务法下的递延所得税信息对盈余稳健性的影响程度要比递延法和利润表债务法下递延税款信息的负面影响程度更大，而正面影响程度却更小。具体体现为，资产负债表债务法下的递延所得税资产，其对盈余稳健性的负面影响，要比在利润表债务法和递延法下的负面影响显著；而在资产负债表债务法下的递延所得税负债，其对盈余稳健性的正面影响则要比利润表债务法和递延法下的正面影响要弱，甚至为负。由此，本节提出以下研究假设：

H1：利润表债务法或递延法下的“递延税款借项”和资产负债表债务法下“递延所得税资产”均对盈余稳健性有负面的影响，其中“递延所得税资产”对盈余稳健性的负面影响比“递延税款借项”的负面影响更显著；

H2：利润表债务法或递延法下的“递延税款贷项”和资产负债表债务法下“递延所得税负债”均对盈余稳健性有正面的影响，其中“递延税款贷项”对盈余稳健性的正面影响比“递延所得税负债”的正面影响更显著。

4.2.2 研究设计

(1) 研究模型

本书根据 Basu (1997) 和 Ball 和 Shivakumar (2005) 构建的模型如下：

$$EPS_{it}/P_{i,t-1} = \alpha_1 + \alpha_2 DR_{it} + \beta_1 RET_{it} + \beta_2 DTI_{it} + \beta_3 DR_{it} \times RET_{it} + \beta_4 DR_{it} \times DTI_{it} + \beta_5 RET_{it} \times DTI_{it} + \beta_6 RET_{it} \times DTI_{it} \times DR_{it} + \varepsilon_{it} \quad (4-5)$$

$$TACC_{it} = \alpha_1 + \alpha_2 DC_{it} + \beta_1 CFO_{it} + \beta_2 DTI_{it} + \beta_3 DC_{it} \times CFO_{it} + \beta_4 DC_{it} \times DTI_{it} + \beta_5 CFO_{it} \times DTI_{it} + \beta_6 CFO_{it} \times DTI_{it} \times DC_{it} + \varepsilon_{it} \quad (4-6)$$

(2) 变量定义

模型 (4-5) 与 (4-6) 中的变量定义如表 4-14 所示。

表 4－14　　　　变量定义表

变量名	变量定义
EPS_{it}	EPS_{it}表示 i 公司 t 年度的每股盈余
$P_{i,t-1}$	$P_{i,t-1}$表示 i 公司 t 年年初的股票收盘价
DR_{it}	DR_{it}为哑变量，当 $RET_{it}<0$ 时取值为 1，否则为 0
RET_{it}	RET_{it}表示 i 公司从 t 年的 5 月至 t+1 年的 4 月 t 年度经市场均值调整后的股票累积年度报酬率，计算方式为 $R_{it}=\prod_j^{4=-8}(1+RET_{ij})-1-R_t^*$，其中 R_{ij}表示 i 公司第 j 个月的考虑现金红利再投资的月个股报酬率，R_t^* 表示 t 年度按上海证券交易所或深圳证券交易所分别计算的所有股票累积年度报酬率的均值
DTI_{it}	DTI_{it}表示 i 公司 t 年年末的递延所得税项目余额/年末总资产，递延所得税项目包括递延税款借项（贷项）DTA_{it}和递延所得税资产（负债）DTL_{it}，其中：在 2007 年以前 DTA_{it}表示年末递延税款借项/年末总资产，2007 年及以后表示年末递延所得税资产余额/年末总资产；在 2007 年以前 DTL_{it}表示年末递延税款贷项/年末总资产，2007 年及以后表示年末递延所得税负债余额/年末总资产
$TACC_{it}$	$TACC_{it}$表示应计项目/年末总资产，其中应计项目的计算方式是：应计项目＝净利润＋与财务费用有关的现金流量①——经营活动现金流量
DC_{it}	DC_{it}是哑变量，当 CFO_{it}为负时取值为 1，否则为 0
CFO_{it}	CFO_{it}表示经营活动现金流量/年末总资产
ε_{it}	ε_{it}为随机误差项

① 由于我国现金流量表中的与财务费用有关的现金流量不是被列作经营活动项目下的现金流量，而是被列作筹资活动项目下的现金流量，所以本章在计算模型(4－5)中的应计项目时将财务费用加回。

模型（4－5）中（$\beta_1+\beta_5$）（即 RET 与 RET × DTI 的回归系数之和）度量了会计盈余确认“好消息”的及时性；（$\beta_1+\beta_5+\beta_3+\beta_6$）（即 RET、RET × DTI、DR × RET 与 RET × DTI × DR 的回归系数之和）度量了会计盈余确认“坏消息”的及时性；因而，（$\beta_3+\beta_6$）（DR × RET 与 RET × DTI × DR 的回归系数之和）度量了会计盈余确认坏消息较之确认好消息的增量及时性。由于稳健性意味着会计盈余对坏消息的反映比对好消息的反映更为及时充分，故可通过检验（$\beta_3+\beta_6$）是否显著大于零来判断递延所得税项目对会计盈余稳健性的影响。

模型（4－6）中（$\beta_1+\beta_5$）（即 CFO 与 CFO_{it} × DTI 的回归系数之和）度量了应计项目与正的经营活动现金流量之间的关系，（$\beta_1+\beta_5+\beta_3+\beta_6$）（即 CFO、$CFO_{it}$ × DTI、DC_{it} × CFO 与 CFO_{it} × DTI_{it} × DC 的回归系数之和）度量了应计项目与负的经营活动现金流量之间的关系。由于应计项目与当期经营活动现金流量之间应呈负相关关系，因而模型（4－6）中（$\beta_1+\beta_5$）以及（$\beta_1+\beta_5+\beta_3+\beta_6$）均应为负值。由于稳健性意味着会计盈余更及时确认损失，应计项目与表示经济损失的负的经营活动现金流量之间的负相关关系应该会比应计项目与表示经济利得的正的经营活动现金流量之间的负相关关系更弱一些。又由于在模型（4－6）中（$\beta_3+\beta_6$）度量了应计项目与正负经营活动现金流量之间相关关系的差异程度，因此，如果存在稳健性，模型（4－6）中（$\beta_3+\beta_6$）应显著大于零。故可通过检验（$\beta_3+\beta_6$）是否显著大于零来判断递延所得税项目对会计盈余稳健性的影响。

4.2.3　研究样本与描述性统计

（1）样本选择与数据来源

本节拟选取沪深两市 2001～2015 年 A 股上市公司的研究样

本，对研究假设进行检验，本节所使用的数据来自 CSMAR 数据库。在样本的筛选上，由于当年 IPO 的公司、金融类上市公司和被特别处理公司当的年会计利润和市场报酬率与其他公司年份有较大差异，因此本节剔除了当年 IPO 的公司、金融类上市公司、ST 公司和数据缺失的上市公司样本。同时对模型中的连续型变量在其分布的 1% 以下和 99% 以上的观测值进行极值调整（Winsorize）。经过整理，本节选取的样本如表 4 - 15 所示：

表 4 - 15　　　　各期间样本量

期间	样本量（个）
2001 ~ 2006 年	5989
2007 ~ 2015 年	15203
2001 ~ 2015 年合计	21192

（2）描述性统计

各主要变量的描述性统计如表 4 - 16 所示。

表 4 - 16　　　　各主要变量的描述性统计表

期间	2001 ~ 2006 年					2007 ~ 2015 年				
变量	样本量（个）	均值	标准差	最小值	最大值	样本量（个）	均值	标准差	最小值	最大值
EPS	5989	0. 0154	0. 0571	-0. 2181	0. 1470	15203	0. 0229	0. 0418	-0. 2181	0. 1470
DR	5989	0. 5931	0. 4913	0. 0000	1. 0000	15203	0. 4942	0. 5000	0. 0000	1. 0000
RET	5989	0. 0520	0. 5429	-0. 8920	2. 4407	15203	0. 0863	0. 4659	-0. 8920	2. 4407
DTA	5989	0. 0001	0. 0011	0. 0000	0. 0299	15203	0. 0056	0. 0060	0. 0000	0. 0299
DTL	5989	0. 0003	0. 0025	0. 0000	0. 0464	15203	0. 0028	0. 0078	0. 0000	0. 0464
TACC	5989	-0. 0211	0. 0868	-0. 3089	0. 2544	15203	0. 0050	0. 0828	-0. 3089	0. 2544
DC	5989	0. 1939	0. 3953	0. 0000	1. 0000	15203	0. 2472	0. 4314	0. 0000	1. 0000
CFO	5989	0. 0512	0. 0780	-0. 2058	0. 2667	15203	0. 0424	0. 0792	-0. 2058	0. 2667

注：以上所有规模变量均采用当年年末总资产进行标准化。

(3) 相关系数

各主要变量的相关系数如表4-17和表4-18所示，各个变量间的相关性较小。

表4-17　　模型（4-5）中主要变量的Pearson和Spearman相关系数检验表

Pearson \ Spearman	EPS	DR	RET	DTA	DTL
EPS	1.0000	-0.1760	0.1981	0.1359	0.1322
		<.0001	<.0001	<.0001	<.0001
DR	-0.1437	1.0000	-0.8611	-0.0868	-0.0202
	<.0001		<.0001	<.0001	0.0136
RET	0.1293	-0.6334	1.0000	0.0861	0.0172
	<.0001	<.0001		<.0001	0.0356
DTA	0.0816	-0.0613	0.0208	1.0000	0.3919
	<.0001	<.0001	0.0110		<.0001
DTL	0.0370	0.0021	-0.0149	0.1257	1.0000
	<.0001	0.7998	0.0673	<.0001	

表4-18　　模型（4-6）中主要变量的Pearson和Spearman相关系数检验表

Pearson \ Spearman	TACC	DC	CFO	DTA	DTL
TACC	1.0000	0.4875	-0.6856	0.1339	0.0762
		<.0001	<.0001	<.0001	<.0001
DC	0.3917	1.0000	-0.7259	0.0129	0.0030
	<.0001		<.0001	0.1155	0.7158
CFO	-0.5819	-0.6984	1.0000	0.0156	-0.0029
	<.0001	<.0001		0.0555	0.7218

续表

Pearson \ Spearman		TACC	DC	CFO	DTA	DTL
DTA		0.0700	0.0283	0.0159	1.0000	0.3919
		<.0001	0.0005	0.0521		<.0001
DTL		0.0420	0.0215	-0.0288	0.1257	1.0000
		<.0001	0.0085	0.0004	<.0001	

4.2.4 实证检验结果与分析

(1) 第一个研究假说的实证检验

本节通过对模型（4-5）和模型（4-6）回归来检验递延所得税资产（递延税款借项）对盈余稳健性的影响，其回归检验的结果分别如表 4-19 和表 4-20 所示。在表 4-19 中，主要关注 DR×RET 与 RET×DTA×DR 的回归系数是否显著，以及关注这两者之和的符号。如果这两者之和大于零，说明递延所得税资产（递延税款借项）对盈余稳健性有正面影响；如果两者之和小于零，则说明递延所得税资产（递延税款借项）对盈余稳健性有负面影响。由于在 2007 年以前，我国上市公司采用的纳税影响会计法是利润表债务法或递延法，因此，样本区间在 2001~2006 年的上市公司采用的是利润表债务法或递延法；而在 2007 年及以后，上市公司只允许采用资产负债表债务法，因此，样本区间在 2007~2015 年的上市公司采用的是资产负债表债务法。由此，通过对不同样本区间的检验结果进行比较，可比较不同纳税影响会计法下递延所得税信息对盈余稳健性的影响。

回归结果如表 4-19 所示，DR×RET 在 2001~2015 年整个时期以及 2001~2006 年的回归系数都显著大于零；RET×DTA

×DR 在 2001～2015 年、2001～2006 年和 2007～2015 年的回归系数小于零，只是不显著。2001～2015 年样本期间与分年度样本期间的 DR×RET 与 RET×DTA×DR 系数之和均小于零，说明递延所得税资产（递延税款借项）对盈余稳健性有负面的影响。因此，表 4－19 的回归结果说明递延所得税资产（递延税款借项）对盈余稳健性有负面的影响，即递延所得税资产（递延税款借项）金额越大，盈余稳健性程度可能越低。

模型（4－6）的回归结果也与模型（4－5）的回归结果相似，具体如表 4－20 中所示。表 4－20 中对模型（4－6）的回归结果主要关注 DC×CFO 与 CFO×DTA×DC 的回归系数是否显著，以及关注这两者之和的符号。如果两者之和大于零，则说明递延所得税资产（递延税款借项）与盈余稳健性正相关；如果两者之和小于零，则说明递延所得税资产（递延税款借项）与盈余稳健性负相关。在表 4－20 中，DC×CFO 的回归系数在 2001～2015 年的整个样本期间和 2001～2006 年、2007～2015 年两个分样本期间都显著小于零；CFO×DTA×DC 在 2001～2015 年和 2007～2015 年的回归系数显著小于零，在 2001～2006 年的回归系数也小于零，只是不显著。DC×CFO 与 CFO×DTA×DC 在 2001～2015 年的整个样本期间和 2001～2006 年、2007～2015 年两个分样本期间的回归系数之和均小于零，说明递延所得税资产（递延税款借项）对盈余稳健性有负面的影响。CFO×DTA×DC 在 2007～2015 年的回归系数显著小于零，而在 2001～2006 年的回归系数不显著小于零，说明资产负债表债务法下的递延所得税信息对盈余稳健性的负面影响比在利润表债务法和递延法下的负面影响更显著。

表 4－19　　　　模型（4－5）中 DTA 的回归结果表

因变量 / 自变量	预期符号	EPS		
		2001～2015 年	2001～2006 年	2007～2015 年
DR	?	－0.00710*** (0.00102)	－0.0182*** (0.00194)	－0.000342 (0.00121)
RET	+	0.00535*** (0.00098)	0.00496*** (0.00183)	0.00516*** (0.00116)
DTA	－	0.395*** (0.0841)	1.999* (1.080)	0.401*** (0.0823)
DR×RET	+	0.00667*** (0.00248)	0.00654* (0.00396)	0.00564 (0.00344)
DR×DTA	－	－0.0912 (0.126)	1.198 (2.259)	－0.471*** (0.125)
RET×DTA	－	－0.190*** (0.0727)	－0.207 (0.990)	－0.166** (0.0683)
RET×DTA×DR	－	－0.238 (0.357)	－1.925 (4.151)	－0.103 (0.371)
α		0.0234*** (0.000699)	0.0266*** (0.001410)	0.0224*** (0.000787)
样本量（个）		21192	5989	15203
F 值		62.72	40.08	22.20
R^2		0.020	0.045	0.010

注：表中各回归系数下括号内的数值表示各回归系数的标准差，***表示在 1% 水平上显著，**表示在 5% 水平上显著，* 表示在 10% 水平上显著。

表 4－20　　　　模型（4－6）中 DTA 的回归结果表

因变量 / 自变量	预期符号	TACC		
		2001～2015 年	2001～2006 年	2007～2015 年
DC	?	－9.29e－05 (0.00160)	－0.0142*** (0.00310)	0.00479** (0.00186)

续表

自变量 \ 因变量	预期符号	TACC		
		2001～2015年	2001～2006年	2007～2015年
CFO	-	-0.738*** (0.00825)	-0.750*** (0.01630)	-0.730*** (0.00962)
DTA	-	0.620*** (0.116)	0.0743 (1.250)	-0.0867 (0.120)
DC×CFO	-	-0.0103** (0.00471)	-0.0189 (0.02530)	-0.0084* (0.00454)
DC×DTA	-	-0.0342 (0.168)	3.737 (5.177)	-0.178 (0.170)
CFO×DTA	-	-0.0511 (0.865)	9.237 (8.660)	0.393 (0.854)
CFO×DTA×DC	-	-2.850** (1.216)	-55.50 (49.420)	-3.551*** (1.167)
α		0.0280*** (0.000856)	0.0197*** (0.001590)	0.0350*** (0.001030)
样本量（个）		21192	5989	15203
F值		2867.85	587.68	2364.22
R^2		0.487	0.408	0.521

注：表中各回归系数下括号内的数值表示各回归系数的标准差，***表示在1%水平上显著，**表示在5%水平上显著，*表示在10%水平上显著。

（2）第二个研究假说的实证检验

递延所得税负债（递延税款贷项）对盈余稳健性的影响的回归检验结果分别如表4-21和表4-22所示。在表4-21中，主要关注DR×RET与RET×DTA×DR的回归系数是否显著，以及关注这两者之和的符号。如果两者之和大于零，说明递延所得税负债（递延税款贷项）对盈余稳健性有正面影响；如果两者之和小于零，则说明递延所得税负债（递延税款贷项）对盈余稳健性有负面影响。

回归结果如表4-21所示，DR×RET在2001~2015年整个时期以及2007~2015年的分时期其回归系数都显著大于零，RET×DTA×DR在2001~2015年的回归系数显著大于零，在2001~2006年的回归系数也是大于零，只是显著，而在2007~2015年回归系数小于零，不显著。由于在2007年以前，我国上市公司采用的纳税影响会计法是利润表债务法或递延法，因此，样本区间在2001~2006年的上市公司采用的是利润表债务法或递延法；而在2007年及以后，上市公司只允许采用资产负债表债务法，因此，样本区间在2007~2015年的上市公司采用的是资产负债表债务法。表4-21中的回归显示，2001~2006年样本期间的DR×RET与RET×DTA×DR系数之和大于零，说明递延税款贷项对盈余稳健性有正面的影响；2007~2015年样本期间的DR×RET与RET×DTA×DR系数之和小于零，说明递延所得税负债对盈余稳健性没有正面的影响，反而是负面的影响。

因此，表4-21的回归结果说明，利润表债务法下的递延递延税款贷项对盈余稳健性有显著正面的影响，而资产负债表债务法下的递延所得税负债对盈余稳健性未表现出正面的影响。

表4-21　　模型（4-5）中DTL的回归结果表

因变量 / 自变量	预期符号	EPS		
		2001~2015年	2001~2006年	2007~2015年
DR	?	-0.00691*** (0.000893)	-0.01830*** (0.001930)	-0.00259** (0.001010)
RET	+	0.00498*** (0.000932)	0.00489*** (0.001820)	0.00430*** (0.001080)

续表

自变量＼因变量	预期符号	EPS		
		2001～2015 年	2001～2006 年	2007～2015 年
DTL	+	0.595*** (0.0593)	-0.747** (0.3740)	0.455*** (0.0667)
DR×RET	+	0.00498** (0.00220)	0.00518 (0.00392)	0.00509* (0.00276)
DR×DTL	+	-0.255*** (0.0546)	-0.196** (0.0869)	-0.170** (0.0861)
RET×DTL	+	-0.232*** (0.0804)	-0.163 (0.2340)	-0.070 (0.0843)
RET×DTL×DR	+	0.369** (0.146)	0.313 (0.291)	-0.0253 (0.243)
α		0.0238*** (0.000607)	0.0271*** (0.001400)	0.0234*** (0.000655)
样本量（个）		21192	5989	15203
F 值		73.93	45.79	28.46
R^2		0.024	0.051	0.013

注：表中各回归系数下括号内的数值表示各回归系数的标准差，***表示在 1% 水平上显著，**表示在 5% 水平上显著，* 表示在 10% 水平上显著。

表 4－22 中的回归结果主要关注 DC×CFO 与 CFO×DTA×DC 的回归系数是否显著，以及关注这两者之和的符号。如果两者之和大于零，则说明递延所得税负债（递延税款贷项）对盈余稳健性有正面的影响；如果两者之和小于零，则说明递延所得税负债（递延税款贷项）对盈余稳健性有负面的影响。具体的回归结果如表 4－22 中所示，DC×CFO 的回归系数在 2001～2011 年的整个样本期间和 2007～2011 年样本期间都显著小于零；CFO×DTA×DC 的回归系数在 2001～2011 年和 2001～2006 年的回归系数显著大于零，而 2007～2011 年的回归系数显著小

于零。DC × CFO 与 CFO × DTA × DC 在 2001 ~ 2011 年的整个样本期间与 2001 ~ 2006 年样本期间的回归系数之和大于零，而在 2007 ~ 2011 年的回归系数之和小于零。这些结果与表 4 – 21 的回归结果相似，也说明利润表债务法下的递延递延税款贷项对盈余稳健性有显著正面的影响，而资产负债表债务法下的递延所得税负债对盈余稳健性没有表现出正面的影响。

表 4 – 22　　　　模型（4 – 6）中 DTL 的回归结果表

因变量 / 自变量	预期符号	TACC		
		2001 ~ 2011 年	2001 ~ 2006 年	2007 ~ 2011 年
DC	?	– 0. 0134 *** (0. 00243)	– 0. 0266 *** (0. 00370)	– 0. 0028 (0. 00306)
CFO	–	– 0. 688 *** (0. 0129)	– 0. 692 *** (0. 0195)	– 0. 692 *** (0. 0164)
DTL	+	0. 354 ** (0. 178)	– 2. 866 *** (0. 695)	0. 245 (0. 172)
DC × CFO	–	– 0. 182 *** (0. 0281)	– 0. 130 *** (0. 0433)	– 0. 195 *** (0. 0351)
DC × DTL	+	0. 984 *** (0. 334)	2. 109 (1. 352)	– 0. 00172 (0. 329)
CFO × DTL	+	0. 268 (1. 976)	8. 345 (5. 945)	0. 767 (1. 962)
CFO × DTL × DC	+	14. 74 *** (4. 127)	24. 37 ** (10. 050)	– 0. 434 (4. 445)
α		0. 0202 *** (0. 00128)	0. 0126 *** (0. 00189)	0. 0293 *** (0. 00166)
样本量（个）		15008	7249	7759
F 值		1113. 2	385. 26	845. 42
R^2		34. 2%	27. 1%	43. 3%

注：表中各回归系数下括号内的数值表示各回归系数的标准差，***表示在 1% 水平上显著，**表示在 5% 水平上显著，* 表示在 10% 水平上显著。

(3) 小结

本节以我国 A 股上市公司为研究对象，基于 2001 ~ 2015 年的数据研究，验证了本书的研究假设，即：①利润表债务法或递延法下的“递延税款借项”和资产负债表债务法下“递延所得税资产”均对盈余稳健性有负面的影响，其中“递延所得税资产”对盈余稳健性的负面影响比“递延税款借项”的负面影响更显著。②利润表债务法或递延法下的“递延税款贷项”对盈余稳健性有正面的影响，而资产负债表债务法下“递延所得税负债”对盈余稳健性未表现出正面影响。

4.3 本章小结

本章通过检验所得税会计信息的价值相关性来衡量所得税会计信息的相关性，通过检验所得税会计信息对盈余稳健性的影响来衡量所得税会计信息的可靠性。

在检验所得税会计信息的价值相关性方面，通过研究以下三个问题进行考察：第一，会计制度变迁背景下所得税会计处理方法的变革是否提升了所得税会计信息的价值相关性？第二，由应付税款法变革为纳税影响会计法是否提升了所得税会计信息的价值相关性？第三，从所得税会计信息的市场效应角度看，纳税影响会计法中的资产负债表债务法是否最优？本章以我国 A 股上市公司为研究对象，基于 2001 ~ 2015 年的数据发现：我国上市公司的所得税会计信息具有价值相关性；在比较检验几种所得税会计处理方法的价值相关性时发现，资产负债表债务法下的所得税会计信息相比递延法和利润表债务法下的所得税会计信息仅有微弱增量的价值相关性，而相比应付税款法则并未证实具有增量的价值相关性。

在检验所得税会计信息对盈余稳健性的影响方面，递延所得税资产（递延税款借项）的确认由于存在大量的主观判断，尤其递延所得税资产的确认同时会受减值准备的影响，因此会对盈余稳健性有负面的影响。而递延所得税负债（递延税款贷项）的确认在一般情况下不会使得会计利润虚高，因而对盈余稳健性会有正面的影响。然而在税率变动的情况下，预期税率的采用使得递延所得税负债（递延税款贷项）的确认又会对盈余稳健性造成一定的负面影响。由于资产负债表债务法相比递延法和利润表债务是更完整的纳税影响会计法，其在资产负债表债务法下的递延所得税信息对盈余稳健性的影响程度应当要比递延法和利润表债务法下递延税款信息的负面影响程度要大，而正面影响程度则应当要小。本章以我国 A 股上市公司为研究对象，基于 2001 ~ 2015 年的数据研究，验证了本书的研究假设，即：①利润表债务法或递延法下的"递延税款借项"和资产负债表债务法下"递延所得税资产"均对盈余稳健性有负面的影响，即递延所得税资产（递延税款借项）的金额越大，盈余稳健性程度就可能越低。其中，"递延所得税资产"对盈余稳健性的负面影响比"递延税款借项"的负面影响更显著。②利润表债务法或递延法下的"递延税款贷项"对盈余稳健性有正面的影响，即递延税款贷项的金额越大，盈余稳健性越高就可能影响越大。而资产负债表债务法下"递延所得税负债"对盈余稳健性未表现出正面影响。

以上实证检验结果亦能在一定程度上证明资产负债表债务法并非最优、最合适的所得税会计处理方法。

第5章 所得税会计信息的有用性分析

本章与上一章都试图检验：所得税会计处理方法的变革是否提高了会计信息对主要利益相关者的有用性？上一章是通过多元回归的实证检验方式进行考察，本章则结合问卷调查和调研访谈的形式，对主要利益相关者进行调研和访谈，进一步验证所得税会计信息对主要利益相关者的有用性。此外，所得税会计处理方法变革的成本效益问题以及所得税会计信息的可理解性，是所得税会计信息对利益相关者决策的有用性研究的重要内容。然而这些问题仅通过实证检验的方法难以全面地回答，故本章在上一章实证检验的基础上，结合问卷调查和调研访谈的方法对所得税会计处理方法变革的成本效益问题以及所得税会计信息的可理解性进行探讨。

5.1　数据来源及基本情况

本章采用问卷调查和调研访谈的形式（其内容见附录 1、附录 2 和附录 3），对所得税会计信息的有用性进行调查，同时也对所得税会计处理方法变革的成本效益问题以及所得税会计信息的可理解性进行一定的分析。

5.1.1　研究对象、研究方法与数据来源

本章调查和访谈的对象主要是企业的高级财务管理人员（包括企业的财务总监、财务经理和财务部门负责人等），其所在的企业的类型涵盖了农林牧渔业、采掘业和制造业等各个行业，其所在的企业既包括上市公司也包括非上市公司。

根据研究需要，本章采取了让被访者现场填写调研问卷和在现场接受访谈（由调查员记录访谈结果）等形式。本章调研的内容主要是让被调查者和被访谈者对不同所得税会计处理方法下的财务报表信息的复杂程度、生成成本和决策有用程度等进行比较与评价。

根据调研对象的不同，本章设计了两份调研问卷，先后进行了三次调研。

第一次调研的对象是参与“2013（第二届）中国财务管理全球论坛”① 的部分嘉宾。该论坛于 2013 年 6 月 26 日由中国人民大学商学院承办、《新理财》杂志社联合主办，在中国人民大

① 有关该论坛的详细情况，可查阅网页：http://edp.rbs.org.cn/news_show.php? id=286。

学逸夫会堂第一报告厅举行，主题是“经济周期波动下的财务管理：挑战与应对”，该论坛的参与人主要包括：领先企业的高级财务管理人员、知名金融投资机构负责人和主流媒体记者等共400多位嘉宾。在本次调研中我们采用的是第一份调研问卷（见附录1），调研形式是让被访者现场填写调查问卷和在现场接受访谈（由调查员记录访谈结果）的方式。这次调研共访问了75位嘉宾，收回75份问卷。其中，去除掉没有会计师职称、未按要求填写等32份无效问卷后，筛选出43份有效问卷。在筛选出的43份问卷中，有14份做了较详细的访谈记录。

第二次调研是在2013年8月16～18日中国人民大学商学院举办的“首席财务官（CFO）课程[①]上所做。在该次调研中我们采用的是第二份调研问卷（见附录2），调研形式仅包括问卷调查。第二次调研共收回问卷20份，去除1份无效问卷后，筛选出19份有效问卷。

第三次调研对象是2013年8～11月期间的企业类全国会计领军人才。该次调研采用的是第二份调研问卷，调研形式包括问卷调查和访谈（详细访谈了6位企业会计领军人才）。该次调研共收回问卷33份，去除2份无效问卷后，筛选出31份有效问卷以及6份详细的访谈记录。

本书将以上三次调研的结果进行汇总，共取得93份有效问卷（包括20份访谈记录）。本章将对这两次调研的结果进行总结与分析。

需要说明的是，为保证被调研者在参与调研前（尤其是在参与访谈前）已经充分理解几种所得税会计处理方法的区别与

① 有关该课程的详细情况，可查阅网页：http：//edp. rbs. org. cn/course_show. php？ id＝8。

联系，我们在第一次调研中采取了由调查员向被调研者解释几种所得税会计处理方法的方式。而在第二次调研中则采取在问卷首页的开篇语中简介几种所得税会计处理方法的方式（见附录 2），以保证被调研者的回答或评价是有效和可信的。

5.1.2　基本信息分析

（1）被调研者的专业素质与任职情况

被调研者的专业素质和任职情况对调研结果的有效性和代表性有重要影响。因为只有被调研者具备一定的专业素质和职位时，其对所得税会计方法变革及所得税会计信息有用性的评价才更具有典型性与代表性。本章调研和访谈对象的专业素质与任职情况如表 5－1 和图 5－1 所示，有 59 位被访者在企业担任高层财务管理人员，占被访者总数的 63.44%。其具体情况是：担任企业的财务总监或财务经理的被访者有 26 位、担任企业财务部门负责人的被访者有 33 位。另外，在这 93 位被访者中，有 79 位被访者拥有中高级会计师职称，占被访者总数的 84.95%。上述被访者的任职与职称情况说明其填写的问卷与发表的评论是具备一定的有效性和代表性的。

被访问的 93 位参与者的专业素质与任职情况如表 5－1 和图 5－1所示。

表 5－1　　被调研者的专业素质与任职情况表

职称	初级会计师	中级会计师	高级会计师	其他	未填写	合计
数量（名）	2	44	35	8	4	93
比例	2.15%	47.31%	37.63%	8.60%	4.31%	100.00%

续表

职位	财务总监、财务经理	财务部门负责人	其他	未填写	合计
数量（名）	26	33	2	32	93
比例	27.96%	35.48%	2.15%	34.41%	100.00%

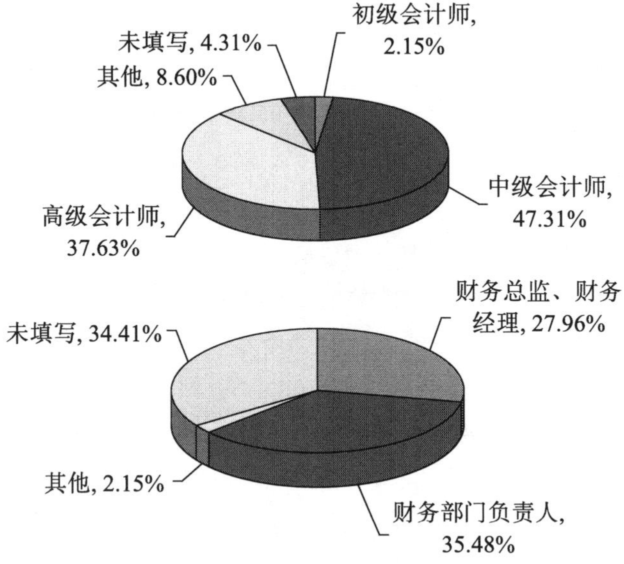

图 5-1　被调研者的专业素质与任职情况图

（2）被调研企业的类型与所在行业

本章调研的企业涵盖了各个行业，包括：农林牧渔业（6.38%）、采掘业（3.19%）、制造业（15.96%）、信息技术业（4.26%）、交通运输仓储业（3.19%）、批发和零售贸易业（13.83%）、电力煤气及水的生产和供应业（4.26%）、金融保险业（4.26%）、房地产业（7.45%）、社会服务业（13.83%）、传播与文化产业（9.57%）、综合类行业（12.77%）和其他行业（1.05%）。被调研者所在的企业类型情况如 5－2 所示，以国有企业和民营企业为主，即：有 49 位被调研者来自国有企业（占总数的 52.69%），有 32 位来自私企或民营企业（占总数的 34.40%），还有 6 位来自外商独资企业、5 位来自合资或合作企业。这些企业既有上市公司（或者其下属有上市的子公司），也有非上市公司（或其下属无上市的子公司）。非上市公司的数量占总数的 72.04%，多于上市公司的数量。本书第 4 章的实证检验采用的是上市公司的数据，本章则结合了上市公司与非上市公司的数据进行研究，可以进一步验证和补充第 4 章实证检验的结果。

表 5－2　　被调研者所在企业的类型情况表

企业产权性质	国有	私企或民营	外商独资	合资或合作	其他	合计
数量（家）	49	32	6	5	1	93
比例	52.69%	34.40%	6.45%	5.38%	1.08%	100.00%
是否上市公司	上市公司（或下属有上市子公司）		非上市公司（或下属无上市子公司）		未填写	合计
数量（家）	23		67		3	93
比例	24.73%		72.04%		3.23%	100.00%

（3）被调研企业的规模情况

本章将企业资产规模在 4 千万元以下、职工人数在 300 人以下的企业划分为中小型企业①；将企业资产规模在 4 千万元至 4 亿元之间、职工人数在 300～2000 人的企业划分为中型企业；将企业资产规模在 4 亿元以上、职工人数在 2000 人以上的企业划

① 我国对于企业规模的划分，不同的行业有不同的划分标准。为了统计方便，本章对企业规模划分的标准统一参照工业企业的企业规模划分标准。

分为大型企业。从表 5-3 和图 5-2 可知，在本书调研的企业中，60% 以上的企业是大中型企业。由于大中型企业的会计核算相对会更规范，其所得税会计的核算也相对更具有代表性。

被调研者所在企业的规模情况具体如表 5-3 和图 5-2 所示。

表 5-3　　被调研者所在企业的规模情况表

企业资产规模	0.4 亿元以下	0.4 亿~4 亿元	4 亿元以上	未填写	合计
数量（家）	13	23	49	8	93
比例	13.98%	24.73%	52.69%	8.60%	100.00%
企业职工人数	300 人以下	300~2000 人	2000 人以上	未填写	合计
数量（家）	29	24	33	7	93
比例	31.18%	25.81%	35.48%	7.53%	100.00%

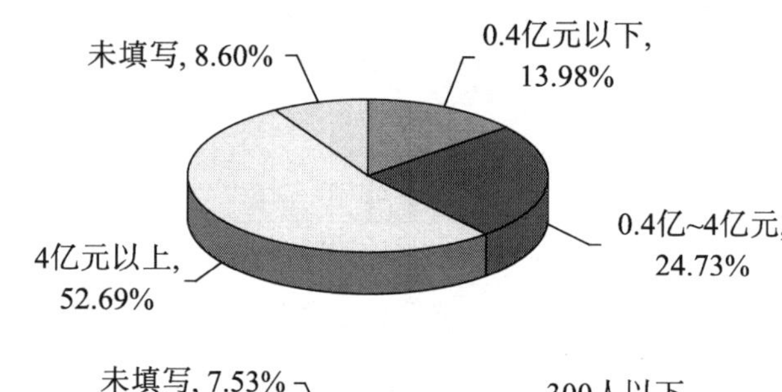

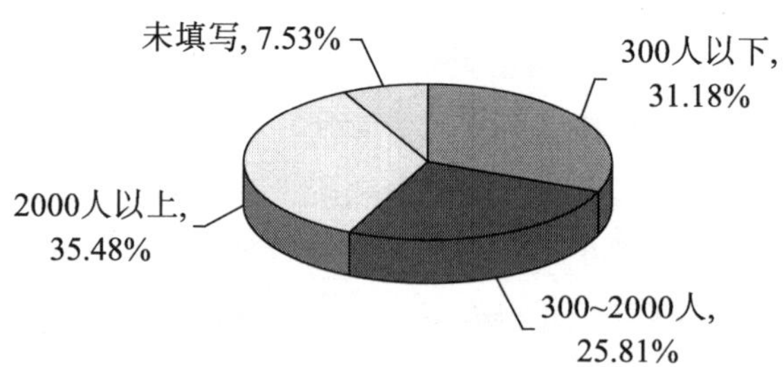

图 5-2　被调研者所在企业的规模情况图

（4）被调研者对会计准则与所得税会计处理方法改革的了

解情况

被调研者对我国会计准则改革以及所得税会计方法变革的了解程度直接影响其对所得税会计方法变革评价的客观性与有效性。因此，本书首先对被调研者是否了解我国会计准则以及所得税会计方法的改革进行了调查。如表 5－4 和图 5－3 所示，在第一次调研中，有 16.28% 的财务管理人员不了解 2007 年所得税会计方法的变革；在三次调研中，有 24.73% 的财务管理人员不了解资产负债表债务法。为保证调研结果的客观性与有效性，本章仅针对对会计准则和所得税会计处理方法变革有充分了解的被调研者进行问卷调研或调研访谈。

表 5－4　被调研者对会计准则与所得税会计处理方法改革以及资产负债表债务法的了解情况表

对 2007 年所得税会计方法变革了解程度	很了解	了解	不了解	未填写	合计
人数	5	31	7	0	43*
比例	11.63%	72.09%	16.28%	0	100.00%
是否了解资产负债表债务法？	很了解	了解	不了解	未填写	合计
人数	11	56	23	3	93
比例	11.83%	60.22%	24.73%	3.22%	100.00%

注：* 这里的合计数 43 是第一次问卷调研的统计结果，而在第二份调研问卷中没有设计此题，所以此处的合计数小于 93。

这里存在一个问题，即虽然本章调研的对象中有 82.26% 的被访者拥有中高级会计师职称，而且多数来自我国大中型企业，但是仍然有近四分之一（24.73%）的财务管理人员不了解资产负债表债务法。会计专业人士尚且如此，非专业人士则更加难以理解该方法的信息。本书认为，这应当是与该方法操作复杂、难以理解有较大关系。

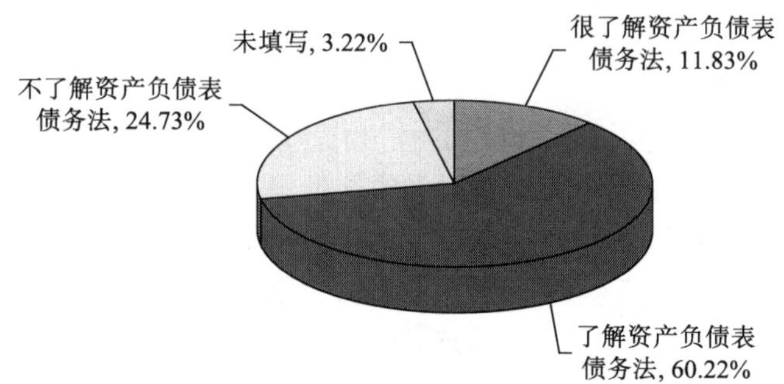

图 5 – 3　被调研者对资产负债表债务法的了解情况图

对于表 5 – 4 的统计结果，需要说明的是，在统计合计的 93 份问卷中，第一次调研的有效问卷是 43 份，其中了解资产负债表债务法的是 34 份，不了解资产负债表债务法的有 9 份。第二、三次调研的问卷总共有 50 份有效问卷，其中了解资产负债表债务法的是 37 份，不了解资产负债表债务法的有 13 份。由于不了解资产负债表债务法的被访者无须完成问卷（详见附录），因此在后续的分析中，对第一次调研问卷统计的合计数不会超过 34 个，对第二、三次问卷调研统计的合计数不会超过 37 个。

本章还对被调研企业采用的所得税会计处理方法情况进行了调查，调查结果如表 5 – 5 所示，在实施 2006 年出台的新企业会计准则之前，有 72. 97% 的企业采用应付税款法，仅有 27. 03% 的企业采用其他方法。这说明在企业可自由选择所得税会计处理方法的情形下，多数企业不会采用纳税影响会计法。而到 2007 年以后，在所得税会计准则的规范下，使用资产负债表债务法的企业增多。

表 5－5　　被调研企业采用的所得税会计处理方法情况表

2007 年以前使用	应付税款法	递延法		利润表债务法		合计	
数量（家）	27	4		6		37*	
比例	72.97%	10.81%		16.22%		100.00%	
现行方法	资产负债表债务法	利润表债务法	递延法	应付税款法	不清楚	未填写	合计
数量（家）	14	4	11	2	1	2	34**
比例	41.18%	11.76%	32.35%	5.88%	2.95%	5.88%	100.00%

注：34**、37* 分别是第一次和第二、第三次问卷调研中了解资产负债表债务法的被访者数，不了解资产负债表债务法的被访者无须填写后续的内容，被排除在统计合计数之外。由于调研问卷设计的问题不同，所以造成表 5－5 中无法合并统计的状况。

5.1.3　信度分析

信度分析（Reliability）是一种测度综合评价体系是否具有一定的稳定性和可靠性的有效分析方法（薛薇，2009）。在对调查结果进行统计分析之前，须先对调查问卷的信度进行分析。因为只有调查问卷的信度在符合标准的范围内时，问卷统计的结果才是可信的。信度分析的传统方法是使用 Cronbach'α 系数来测量问卷的信度。一般情况下，Cronbach'α 系数大于等于 0.5 时问卷才比较可信，如果 Cronbach'α 系数大于等于 0.7 则代表问卷可信，如果 Cronbach'α 系数大于等于 0.9 则表示问卷非常可信（邹舢，2006）。由于本章对不同的调研对象设计了不同调研问卷，因此在分析上需要区分对待。对于第二份调研的问卷，由于问卷涉及问题的类型较少，而且还通过调研访谈进行了补充和验证，因此本章不对第二份调研问卷进行信度分析。而对于第一份调研问卷，关于被访者使用资产负债表债务法的意愿情况调查是问卷的重点内容（即附录1中调查内容的第5题），因此要对其信度情况进行考察。关于被访者使用资产负债表债务法意愿情况的整体信度情况如表5-6和表5-7所示。表中的结果显示Cronbach'α系数大于0.9，表示问卷非常可信，这进一步验证了本章调研问卷的有效性和可信性。

表5-6　愿意使用资产负债表债务法的原因的信度分析情况表

Cronbach'α 系数	基于标准化项的 Cronbach'α 系数	问题数
.954	.961	5
愿意使用的原因	校正的项总计相关性	项已删除的 Cronbach'α 系数
X1	.852	.954
X2	.913	.939
X3	.861	.946
X4	.929	.934
X5	.904	.943

表5-7　不愿使用资产负债表债务法的原因的信度分析情况表

Cronbach'α 系数	基于标准化项的 Cronbach'α 系数	问题数
.957	.970	5
不愿意使用的原因	校正的项总计相关性	项已删除的 Cronbach'α 系数
Y1	.829	.975
Y2	.934	.937
Y3	.949	.934
Y4	.955	.936
Y5	.927	.938

5.2　企业财务管理者对各种所得税会计处理方法的评价

5.2.1　企业财务管理者对各种所得税会计处理方法的看法

对于企业而言，应付税款法是操作最为简单的方法，递延法、利润表债务法和资产负债表债务法的操作则一个比一个复杂。通过调研企业财务管理者对不同所得税会计处理方法下财务报表信息的复杂程度的比较，如表5-8和图5-4所示，其结果与理论分析一致。即：超过60%的被访者（“较低”与“很低”的比例之和）认为应付税款法的复杂程度较低；有60%的被访者（“较高”与“很高”的比例之和）认为递延法的复杂程度较高；近68.57%的被访者认为利润表债务法的复杂程度较高；而对于资产负债表债务法，则有高达80%的被访者（“较高”与“很高”的比例之和）认为其复杂程度较高。上述数据说明，对于企业而言，资产负债表债务法是最复杂的所得税会计核算方法，其次是利润表债务法，再次是递延法，而只有应付税款法则是最为简单的所得税会计核算方法。

表5-8　企业财务管理者对不同所得税会计处理方法下财务报表信息的复杂程度的比较

项目＼复杂程度		很高	较高	一般	较低	很低	未填写	合计
应付税款法	人数	0	3	9	11	11	1	35*
	比例	0.00%	8.57%	25.71%	31.43%	31.43%	2.86%	100.00%

续表

项目 \ 复杂程度		很高	较高	一般	较低	很低	未填写	合计
递延法	人数	4	17	11	0	0	3	35
	比例	11.43%	48.57%	31.43%	0.00%	0.00%	8.57%	100.00%
利润表债务法	人数	1	23	7	1	0	3	35
	比例	2.86%	65.71%	20.00%	2.86%	0.00%	8.57%	100.00%
资产负债表债务法	人数	8	20	5	0	0	2	35
	比例	22.86%	57.14%	14.29%	0.00%	0.00%	5.71%	100.00%

注：35* 是第二、第三次问卷调研中了解资产负债表债务法且问卷有效的被访者数，不了解资产负债表债务法的被访者无须填写后续的内容。

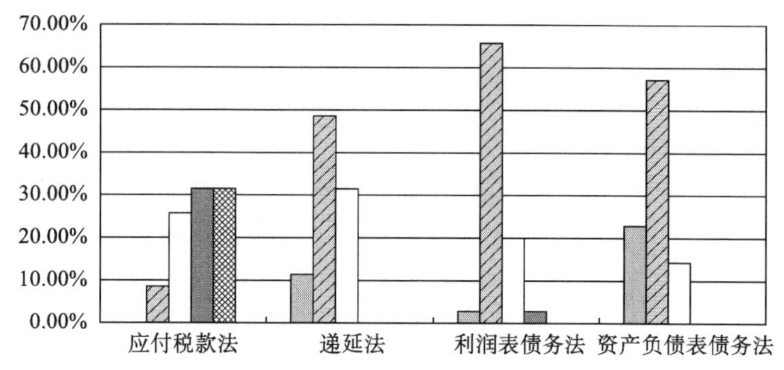

图 5-4　企业财务管理者对不同所得税会计处理方法下财务报表信息的复杂程度的比较图

由于所得税会计处理方法的复杂程度会直接影响其方法下财务报表信息的生成成本。因此，根据以上分析，应付税款法下的财务报表信息的生成成本应当较低，而其他三种方法下的财务报表信息的生成成本则会依次递增，其中，资产负债表债务法下财务报表信息的生成成本应当最高。

调研的结果与理论分析一致，具体如表 5-9 和图 5-5 所示。对于应付税款法，有 50% 以上的被访者（“较低”与“很低”的比例之和）认为应付税款法下财务报表信息的生成成本较低；对于递延法，有 45.71% 的被访者认为递延法下财务报表信息的生成成本较高；对于利润表债务法，有 54.29% 的被访者认为利润表债务法下财务报表信息的生成成本较高；最后对于资产负债表债务法，有高达 68.57% 的被访者（“较高”与“很高”的比例之和）认为该方法下财务报表信息的生成成本较高。

表 5-9　企业财务管理者对不同所得税会计处理方法下财务报表信息的生成成本的比较

项目 \ 生成成本		很高	较高	一般	较低	很低	未填写	合计
应付税款法	人数	0	3	13	12	7	0	35*
	比例	0.00%	8.57%	37.14%	34.29%	20.00%	0.00%	100.00%
递延法	人数	0	16	15	3	0	1	35
	比例	0.00%	45.71%	42.86%	8.57%	0.00%	2.86%	100.00%
利润表债务法	人数	0	19	10	4	0	2	35
	比例	0.00%	54.29%	28.57%	11.43%	0.00%	5.71%	100.00%
资产负债表债务法	人数	6	18	7	3	0	1	35
	比例	17.14%	51.43%	20.00%	8.57%	0.00%	2.86%	100.00%

注：35* 是第二、第三次问卷调研中了解资产负债表债务法且问卷有效的被访者数，不了解资产负债表债务法的被访者无须填写后续的内容。

上述调研结果说明，对企业而言，应付税款法是编制所得税会计信息成本最低的核算方法，其次是递延法，再次是利润表债务法，而资产负债表债务法则是编制所得税会计信息成本最高的核算方法。

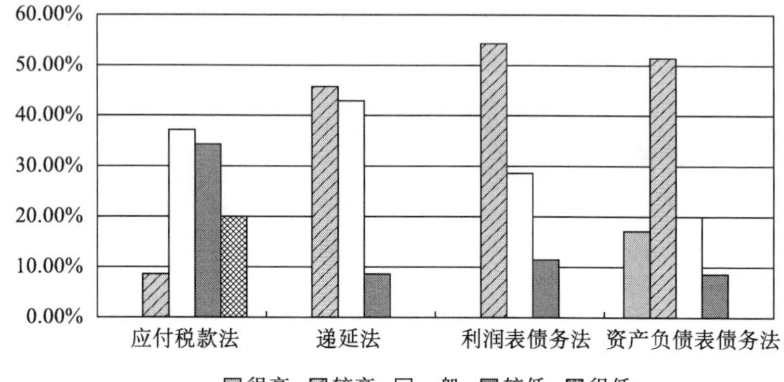

图 5－5　企业财务管理者对不同所得税会计处理方法下财务报表信息的生成成本的比较图

5.2.2　企业财务管理者对所得税会计处理方法选择的倾向

企业作为财务报表信息的提供者，其提供财务报表信息是有成本的。因此，企业在对会计方法进行选择时，必然是本着使信息编制成本最小、操作最简单的原则进行选择。基于此，企业首选的所得税会计处理方法应当是应付税款法，而最后愿意选择的方法才是资产负债表债务法。表 5－10 和图 5－6 的调研结果验证了这一点，即在第一选择上，多数企业财务管理者（60%）倾向于选择应付税款法，在第二选择上，多数企业财务管理者倾向于选择递延法；在第三选择上，多数企业财务管理者倾向于选择利润表债务法，而只有在最后的选择上才更多倾向选择资产负债表债务法。

表 5－10 企业财务管理者对所得税会计处理方法选择的倾向表

选择排序 \ 处理方法		应付税款法	递延法	利润表债务法	资产负债表债务法	未填写	合计
第一选择	人数	21	6	2	5	1	35*
	比例	60.00%	17.14%	5.71%	14.29%	2.86%	100.00%
第二选择	人数	5	12	10	7	1	35
	比例	14.29%	34.28%	28.57%	20.00%	2.86%	100.00%
第三选择	人数	0	9	19	5	2	35
	比例	0.00%	25.71%	54.29%	14.29%	5.71%	100.00%
第四选择	人数	8	6	3	16	2	35
	比例	22.87%	17.14%	8.57%	45.71%	5.71%	100.00%

注：35* 是第二、第三次问卷调研中了解资产负债表债务法且问卷有效的被访者数，不了解资产负债表债务法的被访者无须填写后续的内容。

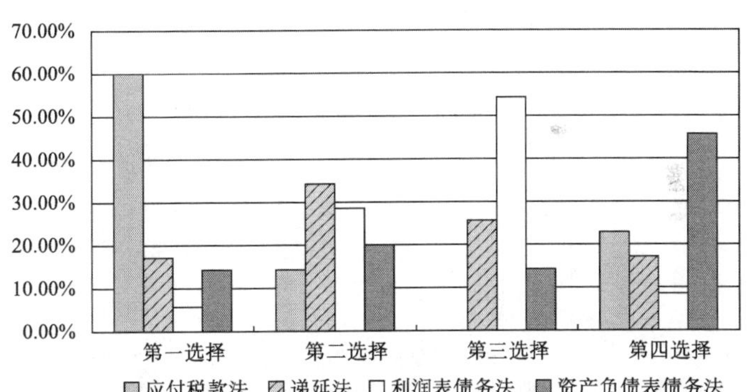

图 5－6 企业财务管理者对所得税会计处理方法选择的倾向图

5.2.3 企业财务管理者对资产负债表债务法的评价

从企业自身出发，最愿意选择的所得税会计方法是应付税款法，但是，本书在第一次调研中发现，如果在会计准则不强制要求采用的情况下让企业自由选择（第一次调研问卷的第4题），有61.76%的被访者表示愿意使用资产负债表债务法，仅有38.24%的被访者表示不愿意使用资产负债表债务法。对此，本书进一步调查了其愿意或不愿意使用的原因，具体如表5－11和表5－12所示。表示愿意使用资产负债表债务法的被访者中大致同意递延所得税金额很重要、递延所得税信息对公司的经营决策有用、递延所得税信息对会计、税收、证券监管部门有用、递延所得税信息对公司的投资者（股东）有用以及递延所得税信息对银行等企业的债权人有用。

表5－11　企业财务管理者愿意使用资产负债表债务法的原因

原因 \ 同意程度		完全同意	大致同意	有点同意	一般	较不同意	很不同意	合计
递延所得税金额很重要	人数	7	13	1	0	0	0	21*
	比例	33.33%	61.91%	4.76%	0.00%	0.00%	0.00%	100.00%
递延所得税信息对公司的经营决策有用	人数	7	10	3	1	0	0	21
	比例	33.33%	47.62%	14.29%	4.76%	0.00%	0.00%	100.00%
递延所得税信息对会计、税收、证券监管部门有用	人数	6	8	4	2	0	0	20
	比例	30.00%	40.00%	20.00%	10.0%	0.00%	0.00%	100.00%
递延所得税信息对公司的投资者（股东）有用	人数	4	7	7	1	1	0	20
	比例	20.00%	35.00%	35.00%	5.00%	5.00%	0.00%	100.00%
递延所得税信息对银行等企业的债权人有用	人数	4	6	5	4	1	0	20
	比例	20.00%	30.00%	25.00%	20.0%	5.00%	0.00%	100.00%

注：*合计数为21或20，一方面是因为本道题是与下一道题二选一填写，另一方面，有部分问卷未明确表示意见或部分意见漏填。因此，本道题的合计数按照实际填写的总数统计。另外，本题的设计是第一次调研问卷的内容，在第二次调研问卷中没有涉及。

表示不愿意使用资产负债表债务法的被访者则大致同意资产负债表债务法过于复杂、递延所得税数据不太可靠、递延所得税金额的影响不大、递延所得税信息对公司的经营决策用处不大、递延所得税信息对会计、税收、证券监管部门的用处不大、递延所得税信息对公司的股东、债权人的用处不大。具体如表 5 - 12 所示。

表 5 - 12　企业财务管理者不愿意使用资产负债表债务法的原因

原因 \ 同意程度		完全同意	大致同意	有点同意	一般	较不同意	很不同意	合计
资产负债表债务法过于复杂，递延所得税数据不太可靠	人数	4	4	0	0	0	0	8*
	比例	50.0%	50.0%	0.0%	0.0%	0.0%	0.0%	100.0%
递延所得税金额的影响不大	人数	1	2	1	1	3	0	8
	比例	12.5%	25.0%	12.5%	12.5%	37.5%	0.0%	100.0%
递延所得税信息对公司的经营决策用处不大	人数	2	1	3	0	1	1	8
	比例	25.0%	12.5%	37.50%	0.0%	12.50%	12.5%	100.0%
递延所得税信息对会计，税收，证券监管部门的用处不大	人数	1	3	0	1	1	2	8
	比例	12.5%	37.5%	0.00%	12.5%	12.50%	25.0%	100.0%
递延所得税信息对公司的股东、债权人的用处不大	人数	1	3	1	0	1	1	7
	比例	14.29%	42.84%	14.29%	0.0%	14.29%	14.29%	100.0%

注：* 合计数为 8 或 7，一方面是因为本道题是与上一道题二选一填写，另一方面，有部分问卷未明确表示意见或部分意见漏填，因此，本道题的合计数按照实际填写的总数统计。另外，本题的设计是第一份调研问卷的内容，在第二份调研问卷中没有涉及。

以上两种分析分别是从两个相反的方向进行调查，得到的结果虽然有一定的解释性，但是企业具体运用或者不运用资产负债表债务法的原因并不仅仅限于表 5－11 与表 5－12 中所列示的原因。因此，有必要进一步对企业的财务管理者进行访谈，以便深入了解企业财务管理者对资产负债表债务法的看法。对此，本章对 20 位企业财务管理者进行了访谈（详细的访谈提纲见附件 3），记录并整理了其表述的对资产负债表债务法的评价。

经过对访谈记录归类整理，本章总结出企业财务管理者对资产负债表债务法适用性的三种评价。这三种评价分别是：对资产负债表债务法的适用性表示肯定、对资产负债表债务法的适用性持保留态度、对资产负债表债务法的适用性持否定态度。总体上的结果如表 5－13 和图 5－7 所示。表 5－13 和图 5－7 的结果表明，对资产负债表债务法表示肯定的被访谈者仅有 30%，而有 40% 的被访谈者对资产负债表债务法表示否定，还有 30% 的被访谈者对该方法持保留态度。

表 5－13　被访谈者对资产负债表债务法适用情况的评价表

被访谈者的态度	持肯定态度	持有所保留态度	持否定态度	合计
数量	6	6	8	20
比例	30.00%	30.00%	40.00%	100.00%

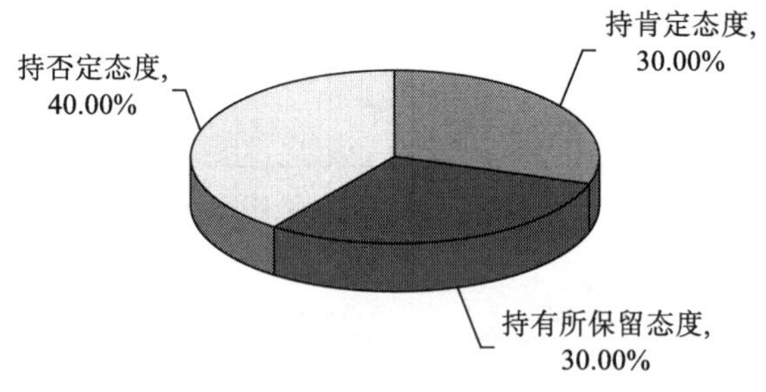

图 5－7　被访谈者对资产负债表债务法适用情况的评价图

需要说明的情况是，参与访谈的 20 位企业财务管理者的专业素质与任职情况较高，其中有 6 位被访者是我国企业类会计领军人才，因此其评价是较具代表性的。详细的情况如下：具有中高级会计师职称的有 16 位、担任企业财务总监、财务部门负责人的有 12 位；被访谈者所在企业是大中型企业的有 17 个、是上市公司或下属有上市子公司的有 8 个、是国有企业的有 11 个、是私企的 5 个、是外商独资企业的 2 个、是合资/合作企业的 2 个。另外，被访谈者所在的企业分属于各个行业，其中“农、林、牧、渔业”1 个、“制造业”4 个、“交通运输、仓储业”1 个、“信息技术业”1 个、“批发和零售贸易业”2 个、“电力、煤气及水的生产和供应业”2 个、“金融、保险业”2 个、“房地产业”1 个、“社会服务业”2 个、“传播与文化产业”2 个以及“综合类”2 个。

本章进一步将被访谈者对资产负债表债务法三种评价倾向的理由整理如下：

（1）对资产负债表债务法的适用性持肯定态度的理由如下：“资产负债表债务法能更好的体现成本收益配比，更客观的反映企业真实的财务状况”；“有利于企业间横向同口径比较，更符合对资产、负债价值的确定”；“更反映企业的利润情况，同时对企业长期发展及业绩评价更科学、可比”；“对上市及拟上市企业的税务处理一致性有益处，能相对更加充分反应企业税对未来经营的影响”。

（2）对资产负债表债务法的适用性持保留态度的理由如下：“资产负债表债务法在理论和实务有差异。理论上是好的，中国可能还不合适，其他国家是好的。”；“方法比较好，但操作时对人员素质要求高。一般企业将所得税作为调节手段来对企业利润有影响”；“资产负债表债务法暂时适用本企业，但太复杂，测算比较麻烦，尤其是年限较长的资产、负债估计，存在连续性问题”。

（3）对资产负债表债务法的适用性持否定态度的理由如下：“有些递延所得税资产的确认（比如纳税亏损）可能永远都是个估计数，后来没有实现也时常出现，这带来的问题是信息估计不真，这样的处理是否真的对会计信息有用实在不好说。”；“首先，各地文件的规定不同，计税基础在实务中不好判断，单个法人没法做，层级很多的国企则更难落实。比如房屋建筑物会计规定40年折旧，税法20年，国税总局以及各地文件的规定又有不同，确认差异必然影响净利润。种种问题造成资产负债表债务法在落地时候遇到很多问题，这属于地域性问题。其次，还有时间性问题。再有，合并报表，抵消的利润还要抵消所得税，但是按照哪一档税率调整？实际上，合并报表同税收没关系。于是资产负债表债务法落地的问题解决不了，很多都落空了。规定若不执行，后果如何？若让我们执行，根本执行不了。”；“实务上需要考虑‘监管要求 + 成本’。又要分上市公司和非上市公司。实务中税务指导为主。例如，广东小企业，税务指导做账。理论上资产负债表债务法好的，但是实务上未必。”；“递延所得税的计算过于复杂”；“会计核算复杂，容易产生固有风险，决策层难以了解其潜在信息”；“有时会出现提前交税的情况。目前我国还没有使用资产负债表债务法的环境”。

而对于如何进一步提高我国的所得税会计方法的适用性及其信息有用性的访谈中，被访谈者主要提出了以下改进建议：①简化方法。方法应当“简单、有效”；应当“让税法与企业制度衔接；建议简单化，这样能适用于不同类型的企业，使得企业税务信息不会由于会计处理差异造成失真”；“建议企业能够对方法的使用方面有更多的选择”。②提高会计人员的专业素质、加强培训。“提高会计人员素质，很多企业不会编”；“应加强税法的权威性和应用解释的详细性及相关人员包括财务人员和税务人员的专业培训”；“要大范围的对会计人员进行培训，还要增加办税人员会计知识的培训。”③进一步改进所得税会计处理方法。“单独分析所得税的影响，分开当期与预期所得税。”④加强会计准则国际趋同。“我国会计准则与国际会计准则等同，更多地引用公允价值计量，使企业价值与现实价值基本趋同；加大人力资本投入；加强与国际会计准则委员会合作。”⑤加强监管。“要加强计算过程的监管，以帮助提高会计信息质量。”

从上述访谈的结果看，对于企业而言，现行的资产负债表债务法还存在非常大的改进空间。前面对企业财务管理者问卷调研的情况也表明，从企业的角度看，资产负债表债务法并非最优的所得税会计处理方法。

5.3　企业投资者对所得税会计信息有用性的评价

5.3.1　企业投资者对各种所得税会计处理方法的看法

企业投资者关注财务报告信息的目的是对其投资决策有用，因此，有助于提升投资者决策有用的方法就是企业投资者认为的最优的方法。在所得税会计的几种处理方法中，应付税款法虽然是操作最为简单的方法，但是由于该方法下的所得税费用与税前利润总额没有比例关系，这可能让投资者难以理解。而递延法、利润表债务法和资产负债表债务法下的所得税费用与税前利润总额保持大致的比例关系，就相对容易被投资者所理解，而且这些方法下的递延所得税信息还有助于投资者预测企业未来的纳税影响情况，因此这三种方法应当会受到投资者的欢迎。

调研的结果其与以上分析相符，具体如表 5 - 14 和图 5 - 8 所示，有 48.57% 的企业投资者认为资产负债表债务法下财务报表信息的可理解程度较高，其次是递延法（45.71%）和利润表债务法（42.86%）。而对于应付税款法下财务报表信息的可理解程度的评价则比较分散，有 45.71% 的企业投资者认为应付税款法下财务报表信息的可理解程度较高，但也有 28.57% 的企业投资者认为其可理解程度较低，甚至还有几位企业投资者认为其可理解程度很低。本书认为这可能与企业投资者是否具备财务知识背景、是否了解各种所得税会计方法的处理原理有一定的关系。具备财务知识背景、了解各种所得税会计处理方法原理的企业投资者应当会理解应付税款法下的财务报表信息，不具备相关知识背景的企业投资者则可能难以理解应付税款法下的财务报表信息。

表 5 - 14　企业投资者对不同所得税会计处理方法下财务报表信息的可理解程度的比较

项目＼可理解程度		很高	较高	一般	较低	很低	未填写	合计
应付税款法	人数	8	8	9	7	3	0	35*
	比例	22.86%	22.86%	25.71%	20.00%	8.58%	0.00%	100.00%
递延法	人数	0	16	16	2	0	1	35
	比例	0.00%	45.71%	45.71%	5.71%	0.00%	2.86%	100.00%
利润表债务法	人数	0	15	17	2	0	1	35
	比例	0.00%	42.86%	48.57%	5.71%	0.00%	2.86%	100.00%
资产负债表债务法	人数	4	13	13	4	0	1	35
	比例	11.43%	37.14%	37.14%	11.43%	0.00%	2.86%	100.00%

注：35* 是第二、第三次问卷调研中了解资产负债表债务法且问卷有效的被访者数，不了解资产负债表债务法的被访者无须填写后续的内容。

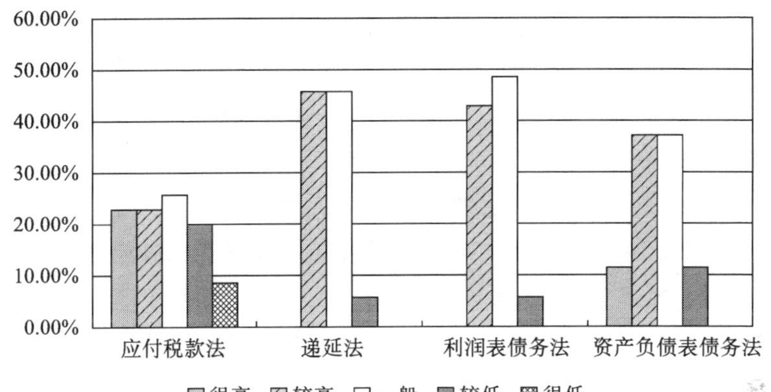

图 5－8　企业投资者对不同所得税会计处理方法下财务报表信息的可理解程度的比较图

上述调研的结果表明，认为资产负债表债务法下的财务报表信息较容易理解的企业投资者相对较多，其次是递延法和利润表债务法，而应付税款法下的财务报表信息的可理解程度则意见不统一。

由于财务报表信息的可理解性是其对企业投资者决策有用的前提，因此，在企业投资者对不同所得税会计处理方法下财务报表信息的有用程度的比较中，应付税款法下的财务报表信息对投资者的有用程度应当较低，而纳税影响会计法下的财务报表信息对投资者的有用程度应当较高。调研的结果大致与此分析相符，具体如表 5－15 和图 5－9 所示，企业投资者对应付税款法下的财务报表信息的有用程度的评价也较分散，有 40% 的企业投资者认为应付税款法下财务报表信息的有用程度较高，而有 25.71% 的企业投资者认为应付税款法下财务报表信息的有用程度较低或很低。相比应付税款法，递延法、利润表债务法和资产负债表债务法下的财务报表信息对投资者的有用程度则较高。再进一步比较这三种处理方法下的财务报表信息对投资者的有用程度，调研结果显示，有54.29%的企业投资者认为资产负债表债务法下财务报表信息的有用程度较高，其次是利润表债务法和递延法。

因此，从企业投资者的角度看，认为资产负债表债务法下的财务报表信息对投资者的有用程度较高的投资者相对较多，其次是利润表债务法和递延法，而应付税款法下财务报表信息的有用程度的评价较分散。表5－14和表5－15中显示的调研结果也在一定程度上验证了第4章实证检验的结论。

表5－15　企业投资者对不同所得税会计处理方法下财务报表信息的有用程度的比较

项目 \ 有用程度		很高	较高	一般	较低	很低	未填写	合计
应付税款法	人数	4	10	12	6	3	0	35*
	比例	11.43%	28.57%	34.29%	17.14%	8.57%	0.00%	100.00%
递延法	人数	0	11	21	2	0	1	35
	比例	0.00%	31.43%	60.00%	5.71%	0.00%	2.86%	100.00%
利润表债务法	人数	1	13	17	3	0	1	35
	比例	2.86%	37.14%	48.57%	8.57%	0.00%	2.86%	100.00%
资产负债表债务法	人数	4	15	12	3	1	0	35
	比例	11.43%	42.85%	34.29%	8.57%	2.86%	0.00%	100.00%

注：35*是第二、第三次问卷调研中了解资产负债表债务法且问卷有效的被访者数，不了解资产负债表债务法的被访者无须填写后续的内容。

5.3.2　企业投资者对所得税会计处理方法选择的倾向

在进一步调查企业投资者对所得税会计处理方法选择的倾向上，本章的调研结果如表5－16、图5－10和图5－11中所示，

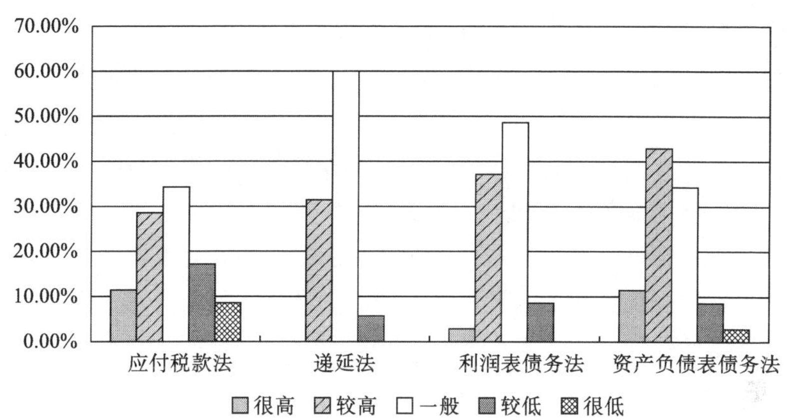

图 5－9　企业投资者对不同所得税会计处理方法下财务报表信息的有用程度的比较图

在第一选择上，有较多企业投资者倾向于选择应付税款法（31.43%）和资产负债表债务法（34.29%），其中选择资产负债表债务法的企业投资者较多，不过其比例也并未超过 50%，也即有 50% 以上的投资者倾向选择的是其他所得税会计处理方法；在第二、第三选择上，多数企业投资者倾向于选择递延法和利润表债务法；最后在第四选择上，也有较多企业投资者倾向于选择应付税款法（34.29%）和资产负债表债务法（37.14%），其中选择资产负债表债务法的企业投资者也相对较多。上述结果综合来看有点奇怪，因为在对应付税款法和资产负债表债务法的选择上，是部分企业投资者的首选，但也是另一部分企业投资者的末选。不过，本书认为企业投资做出如此选择亦属于“情理之中”。因为应付税款法和资产负债表债务法的优缺点正好相对应，恰似处于“天平的两端”，由此造成企业投资者对两种方法的选择也处于两端。另一种可能的原因是与企业投资者的财务知识背景有关。正如在访谈中遇到的情形，有的投资者认为资产负债表债务法下的财务报表信息的主观成分较大，可能不太可靠，所以更为看重可靠性强的应付税款法。而不懂得资产负债表债务法的投资者或者认可该方法的投资者，会认为该方法下的财务报表信息具有相关性和预测价值，对其投资决策有用，所以会选择资产负债表债务法。不过，本书认为对于表5－16中企业投资者对所得税会计处理方法选择的倾向还应当关注企业投资者对递延法和利润表债务法的选择倾向。因为如果在所得税税率不变的情况下，递延法和利润表债务法处理结果相同，也就相当于是同一种所得税会计处理方法。因此可将递延法与利润表债务法的选择结果合并起来看，如图5－11所示。通过该图可以得知，企业投资者在第一选择上对递延法和利润表债务法合计的选择数只比应付税款法和资产负债表债务法的选择数略低，而在企业投资者的第二、第三选择上，递延法和利润表债务法合计的选择数（65.71%和68.57%）则远大于对其他方法的选择。由此，本书认为，多数企业投资者倾向选择的所得税会计处理方法应当是利润表债务法或递延法。

表5－16　　企业投资者对所得税会计处理方法选择的倾向

选择排序＼处理方法		应付税款法	递延法	利润表债务法	资产负债表债务法	未填写	合计
第一选择	人数	11	5	4	12	3	35*
	比例	31.43%	14.28%	11.43%	34.29%	8.57%	100.00%
第二选择	人数	4	12	11	4	4	35
	比例	11.43%	34.29%	31.42%	11.43%	11.43%	100.00%
第三选择	人数	4	10	14	3	4	35
	比例	11.43%	28.57%	40.00%	8.57%	11.43%	100.00%

续表

选择排序 \ 处理方法		应付税款法	递延法	利润表债务法	资产负债表债务法	未填写	合计
第四选择	人数	12	4	2	13	4	35
	比例	34.29%	11.43%	5.71%	37.14%	11.43%	100.00%

注：35* 是第二、第三次问卷调研中了解资产负债表债务法且问卷有效的被访者数，不了解资产负债表债务法的被访者无须填写后续的内容。

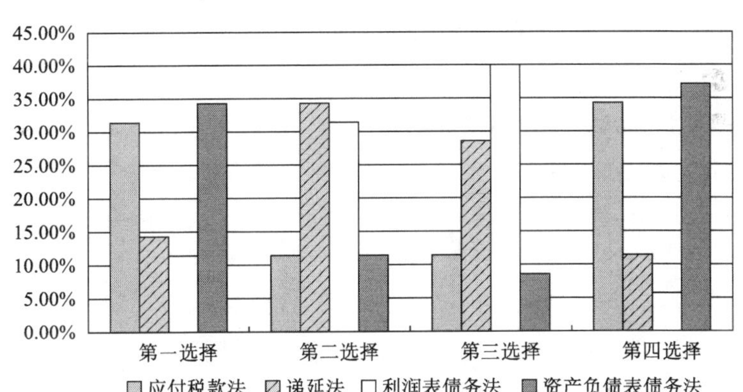

图 5－10　企业投资者对所得税会计处理方法选择的倾向图 1

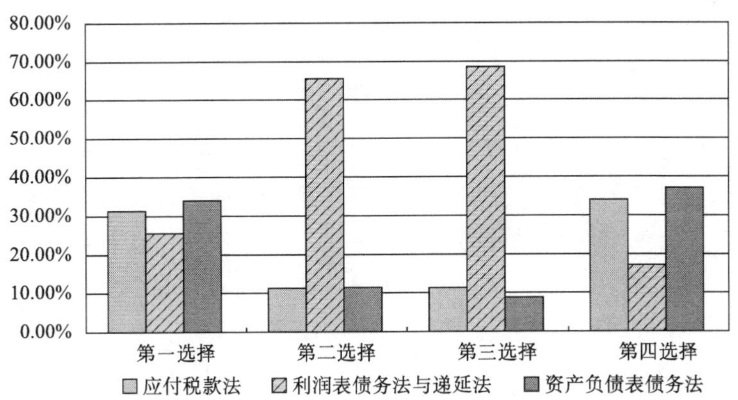

图 5－11　企业投资者对所得税会计处理方法选择的倾向图 2

5.3.3 针对各种所得税会计处理方法下财务报表的有用性对企业投资者进行访谈

为了进一步验证问卷调研的结果，本书还对参与问卷调研中的6位企业投资者（全国企业类会计领军人才）进行了访谈，记录并整理了被访谈者对各种所得税会计处理方法下财务报表有用性的评价。根据汤谷良和戴天婧（2013），最佳的案例数目是4~6个（Sanders，1982）。因此，本书选择对6位企业投资者进行访谈。6位被访谈者均是我国会计领军人才，其基本情况如下：具有中高级会计师职称的有5位、担任企业财务总监、财务部门负责人的有4位；被访谈者所在企业是大中型企业的有5个、是上市公司或下属有上市子公司的有2个、是国有企业的有5个、是私企的1个。另外，被访谈者所在的企业分属的行业情况是："批发和零售贸易业"1个、"社会服务业"1个、"传播与文化产业"2个以及"综合类"2个。上述情况说明，本书访谈的6位企业投资者的素质较高，其对不同所得税会计处理方法下财务报表信息有用性的评价是具有代表性的。

需要说明的情况是，由于同一家企业同时也可能是其他企业的投资者与债权人，因此在对同一家企业进行访谈时，可以分别从不同角度进行，即：企业本身的角度、企业投资者角度与企业债权人角度。因此，本章所访谈的6位被访者在企业财务管理者、企业投资者和企业债权人三个角度的访谈中均会被提及。

在针对各种所得税会计处理方法下财务报表信息对企业投资者的有用性进行访谈时，访谈的结果与问卷调研的结果有所不同。6位被访谈者均表示其所在企业在进行投资决策时，更为关注被投资者企业真实可靠的信息，认为"资产负债表债务法处理中的信息存在一些'虚无缥缈'的东西，在该方法下，亏损是利润伸缩的加收器，未来预测的，现在不能算盈利和亏损。”“其实‘有用性’需要界定，是对投资者还是对管理层。从 CF（概念）框架角度，选择会计政策，更多的是从管理层角度出发；若从投资者角度出发，采用应付税款法，看似简单，但却实实在在。”“另外，一个公司的未来成长性，仅仅从税收角度就做出判断是很难的。”“总而言之，包含了太多估计，主观因素太多不可靠，本企业在进行投资决策时会将这些估计的成分全部删去”。

通过访谈我们发现，企业投资者认为资产负债表债务法下的财务报表信息在实务的运用中存有很多问题，也有很大的改进空间，理论上认为的最优的所得税会计处理方法在实务中并非是最优的处理方式。

5.4　企业债权人对所得税会计信息有用性的评价

相比企业投资者，企业债权人更加注重企业已经实现的利润与价值，以保证能收回其对企业的贷款。对此，债权人应当会倾向于选择所得税会计处理方法中的应付税款法。上述分析大致上得到了调研结果的支持，具体如表 5－17 和图 5－12 所示。在第一选择上，较多企业债权人倾向于选择应付税款法；在第二、第三选择上，较多企业债权人倾向于选择利润表债务法和递延法；而在第四选择上，才有较多企业债权人倾向于选择资产负债表债务法。因此，本章上述的调研结果表明，对于多数企业债权人而言，最倾向选择的所得税会计处理方法是应付税款法，其次是利润表债务法和递延法，最后才是资产负债表债务法。

表 5-17　企业债权人对所得税会计处理方法选择的倾向表

选择排序＼处理方法		应付税款法	递延法	利润表债务法	资产负债表债务法	未填写	合计
第一选择	人数	17	1	4	11	2	35*
	比例	48.57%	2.86%	11.43%	31.43%	5.71%	100.00%
第二选择	人数	2	14	9	7	3	35
	比例	5.71%	40.00%	25.72%	20.00%	8.57%	100.00%
第三选择	人数	1	13	14	4	3	35
	比例	2.86%	37.14%	40.00%	11.43%	8.57%	100.00%
第四选择	人数	11	4	5	12	3	35
	比例	31.43%	11.43%	14.29%	34.28%	8.57%	100.00%

注：35* 是第二、第三次问卷调研中了解资产负债表债务法且问卷有效的被访者数，不了解资产负债表债务法的被访者无须填写后续的内容。

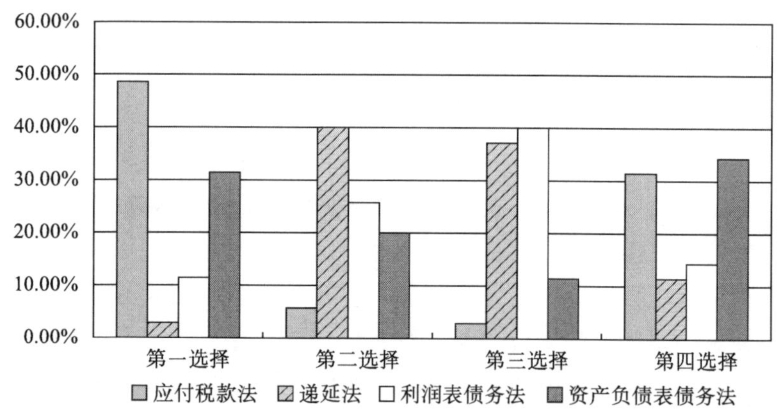

图 5-12　企业债权人对所得税会计处理方法选择的倾向图

企业债权人对不同所得税会计处理方法下财务报表信息的有用程度的比较情况如表 5-18 和图 5-13 所示，较多企业债权人认为资产负债表债务法下的财务报表信息对其有用程度较高

(45.71%)，其次是应付税款法（40%），再次是利润表债务法(37.14%）和递延法（28.57%）。这可能是因为企业债权人对于已经贷款的企业，更关注企业真实可靠的财务信息，所以更倾向于被贷款企业采用应付税款法。而对于新贷款的企业，企业债权人除了关注被贷款企业的历史信息之外，还会关注企业未来的财务信息，因此会认为资产负债表债务法下财务报表信息的有用程度较高。不过，认为资产负债表债务法下财务报表信息的有用程度较高的企业债权人比例也并未达到50%，且有14.29%的企业债权人认为该方法下的财务报表信息的有用程度较低或很低。

表 5－18　企业债权人对不同所得税会计处理方法下财务报表信息的有用程度的比较表

项目＼有用程度		很高	较高	一般	较低	很低	未填写	合计
应付税款法	人数	6	8	13	6	1	1	35*
	比例	17.14%	22.86%	37.14%	17.14%	2.86%	2.86%	100.00%
递延法	人数	0	10	22	1	0	2	35
	比例	0.00%	28.57%	62.86%	2.86%	0.00%	5.71%	100.00%
利润表债务法	人数	1	12	16	4	0	2	35
	比例	2.86%	34.29%	45.71%	11.43%	0.00%	5.71%	100.00%
资产负债表债务法	人数	1	15	13	4	1	1	35
	比例	2.86%	42.85%	37.14%	11.43%	2.86%	2.86%	100.00%

注：35*是第二、第三次问卷调研中了解资产负债表债务法且问卷有效的被访者数，不了解资产负债表债务法的被访者无须填写后续的内容。

随后在针对各种所得税会计处理方法下财务报表的有用性对企业债权人进行访谈后发现，被访谈者指出："企业债权人更多关注的是企业的现金流，而对于递延项目的关注较少。""有关资产负债表债务法，大部分是让用则用，但是其中的原理和一些

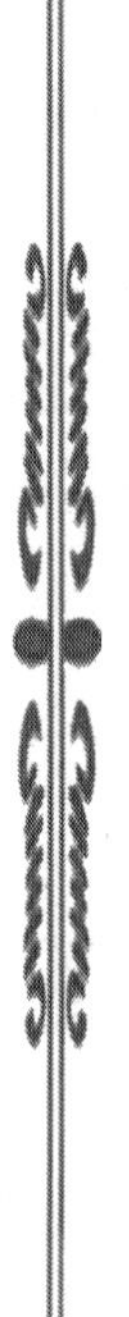

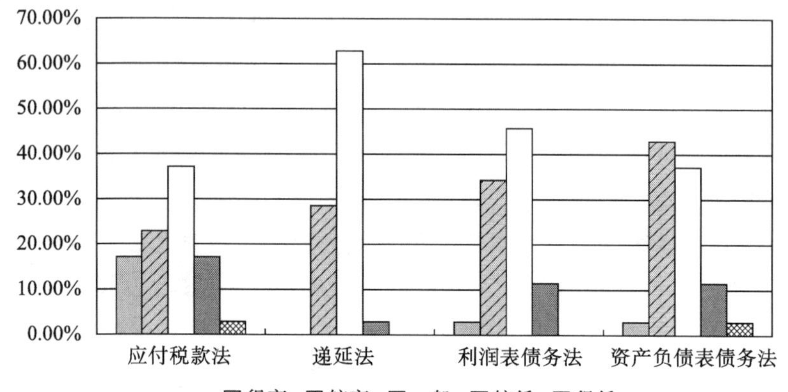

图 5－13　企业债权人对不同所得税会计处理方法下财务报表信息的有用程度的比较图

需要判断的地方不明确；可抵扣暂时性差异的判断方面也存在一定的不一致现象。用得并不好，理解和掌握起来也存在一定问题。”“从理论上来说，可靠性和相关性的意图可以实现，但执行过程中是存在一定问题的；企业实务中对资产负债表债务法的理解和应用并不好；递延法、利润表债务法、资产负债表债务法存在局限方面问题。”①

由此可知，从企业债权人的角度看，资产负债表债务法下的财务报表信息对其有用性也相当有限。

5.5　本章小结

本章结合问卷调查和调研访谈的形式，对主要利益相关者进

① 此处的访谈也是针对6位我国企业类会计领军人才从企业债权人的角度所做的调研访谈。

行调研和访谈，进一步验证所得税会计信息对主要利益相关者的有用性。此外，还对所得税会计处理方法变革的成本效益问题以及所得税会计信息的可理解性进行了调查。本章调研的结果发现：①对于企业而言，应付税款法是操作最为简单的方法，其信息生成成本也相对最低，递延法、利润表债务法和资产负债表债务法的操作则一个比一个复杂，其信息生成的成本也逐个递增。其中，资产负债表债务法是最为复杂的处理方法，其财务报表信息的生成成本也最高。因此，企业首选的所得税会计方法是应付税款法，而最后愿意选择的方法才是资产负债表债务法。②对于企业投资者而言，在所得税会计的几种处理方法中，由于应付税款法下的所得税费用与税前利润总额没有比例关系，而可能让投资者难以理解。而递延法、利润表债务法和资产负债表债务法下所得税费用与税前利润总额保持大致的比例关系，相对容易被投资者所理解，而且这些方法下的递延所得税信息还有助于投资者预测企业未来的纳税影响，因此这三种方法应当会赢得投资者的欢迎。问卷调研的结果支持了上述分析，即：认为资产负债表债务法下的财务报表信息较容易理解的企业投资者相对较多，其次是递延法和利润表债务法，而应付税款法下的财务报表信息的可理解程度则意见不统一。在对不同所得税会计处理方法下财务报表信息的有用程度的比较中，认为资产负债表债务法下财务报表信息的有用程度较高的投资者相对较多，其次是利润表债务法和递延法，而应付税款法下财务报表信息的有用程度的评价也较分散。本章调研的结果也进一步验证了第 4 章实证检验的结论，即相比递延法和利润表债务法，资产负债表债务法下的财务报表信息具有一定增量的价值相关性。不过，在方法的选择上，多数企业投资者倾向选择的所得税会计处理方法是利润表债务法或递延法。在进一步的调研访谈中，访谈的结果与问卷调研的结果不太一致。被访谈者均认为纳税影响会计法（尤其是资产负债表债务法）下的财务报表信息的有用程度在理论上较高，但实务中的有用程度较低。因为企业在进行投资决策时较少关注被投资企业的所得税会计信息，而即使在关注的情况下也会将预期、估计的递延所得税会计信息排除。③相比企业投资者，企业债权人更加注重企业已经实现的利润与价值，以保证其能收回对企业的贷款。对此，债权人应当更倾向于选择所得税会计处理方法中的应付税款法。问卷调研的结果支持了这一点。不过，在对不同所得税会计处理方法下财务报表信息的有用程度的比较中，认为资产负债表债务法下的财务报表信息对其有用程度较高的企业债权人也相对较多，其次是应付税款法，最后是利润表债务法和递延法。这可能是因为企业债权人需要适当关注被贷款企业未来经营状况的信息，因此，部分企业债权人会认为资产负债表债务法下财务报表信息的有用性较高。而在进一步对企业债权人进行访谈后发现，企业债权人在进行贷款决策时，更多关注的是企业的现金流，而对于递延所得税项目的关注较少，即使在少数关注所得税会计信息的情况下也更倾向于关注应付税款法下的所得税会计信息。至于纳税影响会计法下的财务报表信息，被访谈的企业债权人表示对其使用程度并不高。

从本章的研究结果综合来看，企业财务管理者、投资者和债权人对所得税会计处理方法各有不同的评价，但无论是对哪一方主要的利益相关者而言，资产负债表债务法都并非最倾向于选择的所得税会计处理方法，在实务中运用该方法还存在很大的改进空间。

研究结论与政策建议

6.1　主要研究结论

本书试图对所得税会计处理方法变革的理论依据和逻辑基础进行系统梳理和深入剖析，并结合我国会计制度变迁的背景，运用理论分析、实证检验、问卷调查和调研访谈等方法，从多个角度考察所得税会计处理方法变革背景下财务报表中的所得税会计信息对上市公司主要利益相关者的有用性。本书的主要研究结论如下。

6.1.1　对所得税会计规则演变的总结与分析

我国 2006 年出台的《企业会计准则第 18 号——所得税》基本实现了与国际所得税会计准则 IAS 12（2000）的趋同，而 IAS 12 又是在借鉴美国所得税会计准则的基础上制定与修订的。因此，本书直接从美国所得税会计规则的演变进行总结和分析，为梳理和剖析所得税会计方法变革的理论根源提供依据。

美国关于最优所得税会计处理方法的讨论，起源于 20 世纪 30 ~ 40 年代，当 CAP 开始发布职业准则时涉及了所得税会计问题。20 世纪 50 年代，实务界和学术期刊对于是否需要对所得税进行跨期分摊，应该在何种程度上分摊，以及哪一种是最好的分摊方法等进行了激烈的争论。20 世纪 60 年代，学术界讨论了一些组合的所得税分摊方法。APB 对所得税会计问题进行了讨论与研究，并发布了第 11 号意见书。20 世纪 70 年代，出现了新的组合方法，并且对 APB 第 11 号意见书进行了各种修正。FASB 在 20 世纪 80 年代重新考虑了所得税会计问题，并发布了命运多舛的 SFAS No. 96。在 20 世纪 90 年代，SFAS No. 96 被 SFAS No. 109 所取代，随之规范性问题的争论开始退潮。

虽然经历了数十年的反复讨论和争论，但是最优的、一致的所得税会计处理方法一直都没有演变出来，因为所得税会计方法在理论上的一致性与其在实践中应用的复杂性始终是难以协调的矛盾。目前，美国财务会计准则委员会（FASB）所要求采用的资产负债表债务法，实际上是在其构建的财务报告概念框架的约束与指导下达成的结果。因此，分析所得税会计处理方法变革的理论依据与逻辑基础必须要与财务报告概念框架相联系。

6.1.2 所得税会计处理方法变革的理论分析

财务报告目标是整个财务报告概念框架演绎推理的逻辑起点。财务报告目标由“受托责任观”转变为“决策有用观”，其根本原因是资本市场的快速发展，由此而产生的对股票买卖决策有用的财务报告信息的需求。然而，财务报告最基本、最主要的功能仍然是反映管理者的受托责任履行情况。随着经济的发展、特别是资本市场的快速发展，财务报告的功能相应扩展是理所应当的，但是必须明确其功能可扩展的尺度或界限。财务报告必须是在维护其本身传统的基本功能的基础上再拓展其他功能才合理。因此，决策有用观的财务报告目标应当划分主次目标，以财务报告的契约有用性为主要目标，以财务报告的估值有用性为次要目标。这样才能在发挥财务报告基本功能的基础上满足其信息扩展的需求。

所得税会计方法的变革，尤其是资产负债表债务法的确立是财务报告目标“决策有用观”的必然产物。所得税会计处理方法变革、资产负债表债务法被采用的理论依据就是资产负债表信息的估值有用性。其基本逻辑是：财务报告的目标是提供“决策有用”的会计信息，尤其是提供对资本市场参与者决策有用的会计信息；财务报告信息与股票价值的相关性是其对投资者决策有用的基础，因此，会计准则应当着眼于提升资产负债表信息的估值有用性；而相比其他所得税会计处理方法，资产负债表债务法的运用有助于提升资产负债表信息对评估企业价值的有用性（即估值有用性），是与 FASB 和 IASB 构建的财务报告概念框架最为协调一致的所得税会计处理方法，因此是最优的所得税会计处理方法。然而，资产负债表债务法下的所得税会计信息并不一定提升了财务报告信息的决策有用性。因为资产负债表债务法存在理论上、逻辑上等多方面的缺陷，具体体现在：

“资产的计税基础”的定义在应收账款、具有融资性质的长期应收款等项目上难以解释；“暂时性差异”的定义无法涵盖那些会计上未作为资产和负债项目确认但税法能确定其计税基础的项目所产生的暂时性差异。而在确定暂时性差异之后，又并非所有的暂时性差异都能确认为相应的递延所得税负债或递延所得税资产。原本用资产负债表债务法取代利润表债务法的目的之一，是想确认在利润表债务法下用时间性差异分析所涵盖不到的交易或事项的所得税影响，但是资产负债表债务法在这些环节上也未能很好地将该方法的理念始终贯穿，反倒将简单的问题复杂化。

6.1.3 所得税会计信息的有用性检验

（1）实证检验所得税会计信息的相关性与可靠性

本书通过检验所得税会计信息的价值相关性来衡量所得税会计信息的相关性，具体针对以下三个问题展开研究：首先，会计制度变迁背景下所得税会计处理方法的变革是否提升了所得税会计信息的价值相关性；其次，由应付税款法变革为纳税影响会计法是否提升了所得税会计信息的价值相关性；最后，从所得说会计信息的市场效应角度看，纳税影响会计法中的资产负债表债务法是否最优。本书以我国 A 股上市公司为研究对象，基于 2001 ~ 2015 年的数据发现：我国上市公司的所得税会计信息具有价值相关性；在比较检验几种所得税会计处理方法的价值相关性时，发现资产负债表债务法下所生成的所得税会计信息相比递延法和利润表债务法仅有微弱增量的价值相关性，而相比应付税款法则并未证实具有增量的价值相关性。

此外，本书还通过实证检验所得税会计信息对盈余稳健性的影响来衡量所得税会计信息的可靠性。如此衡量是因为稳健性强调历史成本计量，与可靠性的要求相符合，并且能在一定程度上满足相关性的要求。因此，通过检验所得税会计信息对盈余稳健性的影响，可在一定程度上衡量所得税会计信息的可靠性。本书以我国 A 股上市公司为研究对象，基于 2001 ~ 2015 年的数据研究，验证了以下研究假设，即：①利润表债务法或递延法下的“递延税款借项”和资产负债表债务法下“递延所得税资产”均对盈余稳健性有负面的影响，即递延所得税资产（递延税款借项）的金额越大，盈余稳健性程度就可能越低。其中“递延所得税资产”对盈余稳健性的负面影响比“递延税款借项”的负面影响更显著。②利润表债务法或递延法下的“递延税款贷项”对盈余稳健性有正面的影响，即递延税款贷项的金额越大，盈余稳健性越高影响就可能越大。而资产负债表债务法下“递延所得税负债”对盈余稳健性未表现出正面影响。

实证检验结果也在一定程度上证明资产负债表债务法并非最优、最合适的所得税会计处理方法。

（2）实地调研所得税会计信息的有用性

本书结合问卷调查和调研访谈的形式，对主要利益相关者进行调研和访谈，进一步验证所得税会计信息对主要利益相关者的有用性。此外，还对所得税会计处理方法变革的成本效益问题以及所得税会计信息的可理解性进行了调查。调研的结果如下：①对于企业而言，应付税款法是操作最为简单的方法，其信息生成成本也相对最低，递延法、利润表债务法和资产负债表债务法的操作则一个比一个复杂，其信息生成的成本也逐个递增。其中，资产负债表债务法是最为复杂的处理方法，其财务报表信息的生成成本也最高。因此，企业首选的所得税会计方法是应付税款法，而最后愿意选择的方法才是资产负债表债务法。②对于企业投资者而言，在所得税会计的几种处理方法中，由于应付税款法下的所得税费用与税前利润总额没有比例关系，而可能让投资者难以理解。而递延法、利润表债务法和资产负债表债务法下所得税费用与税前利润总额保持大致的比例关系，相对容易被投资者所理解，而且这些方法下的递延所得税信息还有助于投资者预测企业未来的纳税影响，因此这三种方法应当会受到投资者的欢迎。问卷调研的结果支持了上述分析，即：认为资产负债表债务法下的财务报表信息较容易理解的企业投资者相对较多，其次是递延法和利润表债务法，而应付税款法下的财务报表信息的可理解程度则意见不统一。在对不同所得税会计处理方法下财务报表信息的有用程度的比较中，认为资产负债表债务法下财务报表信息的有用程度较高的投资者相对较多，其次是利润表债务法和递延法，而应付税款法下财务报表信息的有用程度的评价也较分散。这里调研的结果也进一步验证了第 4 章实证检验的结论，即相比递延法和利润表债务法，资产负债表债务法下的财务报表信息具有一定增量的价值相关性。不过，在方法的选择上，多数企业投资者倾向选择的所得税会计处理方法是利润表债务法或递延法。在进一步的调研访谈中，访谈的结果与问卷调研的结果不太一致。被访谈者均认为纳税影响会计法（尤其是资产负债表债务法）下的财务报表信息的有用程度在理论上较高，但实务中的有用程度较低。因为企业在进行投资决策时较少关注被投资企业的所得税会计信息，而即使在关注的情况下也会将预期、估计的递延所得税会计信息排除。③相比企业投资者，企业债权人更加注重企业已经实现的利润与价值，以保证其能收回对企业的贷款。对此，债权人应当更倾向于选择所得税会计处理方法中的应付税款法。问卷调研的结果支持了这一点。不过，在对不同所得税会计处理方法下财务报表信息的有用程度的比较中，认为资产负债表债务法下的财务报表信息对其的有用程度较高的企业债权人也相对较多，其次是应付税款法，最后是利润表债务法和递延法。这可能是因为企业债权人需要适当关注被贷款企业未来经营状况的信息，因此，部分企业债权人会认为资产负债表债务法下财务报表信息的有用性较高。而在进一步对企业债权人进行访谈后发现，企业债权人在进行贷款决策时，更多关注的是企业的现金流，而对于递延所得税项目的关注较少，即使在少数关注所得税会计信息的情况下也更倾向于关注应付税款法下的所得税会计信息。至于纳税影响会计法下的财务报表信息，被访谈的企业债权人表示对其的使用程度并不高。

总之，问卷调查和调研访谈的结果表明，企业财务管理者、投资者和债权人对所得税会计处理方法各有不同的评价，但无论是对哪一方主要的利益相关者而言，资产负债表债务法都并非是最倾向选择的所得税会计处理方法，该方法还存在很大的改进空间。

6.2　政策启示与建议

本书认为资产负债表债务法未必是最适合的、最优的所得税会计处理方法，我国会计准则的进一步改革应当对现行的资产负债表债务法进行改进。根据本书研究内容与研究结论，将政策启示与建议归纳如下：①对于企业来说，虽然采用应付税款法是最为简单实用的所得税会计核算方法，但是在应付税款法下的财务报表信息不太容易被企业投资者和债权人所理解。因此，应付税款法不适宜被采纳。②对于企业投资者和债权人而言，利润表债务法是最为适宜的所得税会计处理方法。一方面，利润表债务法操作的复杂程度与其信息生成成本相比资产负债表债务法要低；另一方面，利润表债务法下的财务报表信息的有用程度与资产负债表债务法下财务报表信息的有用程度大致相当。因此，从成本效益的角度考虑，将利润表债务法作为所得税会计处理的主要方法是最为适宜的。至于利润表债务法下，时间性差异所涵盖不了的暂时性差异，则可通过以下方式进行弥补：一种可能性是只在初始确认环节运用计税基础与暂时性差异的分析，在期末仍然基于利润表债务法进行分析。因为，在初始确认环节面临所得税问题的情况比较少见。另一种可能性是只在为了确定利润表债务法下无法涵盖的特殊项目的所得税影响时采用资产负债表债务法进行分析，而其余项目仍旧采用利润表债务法。因为，利润表债务法所无法涵盖的业务比较少见，不会经常发生。

这实际上是一种“组合方法”，如此运用有可能会受到理论上的质疑，因为这种“组合方法”在理论上不具备一致性。但是本书认为，与其采用高度复杂的、不可验证和审计的、难以理解和接受的、易被操纵的处理方法，可能不如采用比较简单的、可以验证和审计的、容易理解和接受的、不易被操纵的处理方法好。况且资产负债表债务法在实践的运用中并未达到理论上的一致性。

总之，本书认为采取以利润表债务法为主、以资产负债表债务法适当补充的组合方法是在实践中较为合适的所得税会计处理方法。

6.3 研究局限与未来研究方向

本书试图对所得税会计处理方法变革的理论依据和逻辑基础进行系统梳理和深入剖析，并结合我国会计制度变迁的背景，运用理论分析、实证检验、问卷调查和调研访谈等方法，从多个角度考察所得税会计处理方法变革的背景下财务报表中所得税会计信息对上市公司主要利益相关者的有用性。但是，本书有很多问题并未完全解决，存在诸多局限之处。具体体现在以下三个方面：

第一，在理论分析方面，本书的目标是试图将所得税会计处理方法的变革置于会计制度的整体变革的背景下，系统梳理和深入剖析所得税会计处理方法变革的理论依据和逻辑基础，为我国评价所得税会计处理方法变革的合理性、有效性提供理论支持。但是，在具体分析时主要是根据财务报告目标来对所得税会计处理方法的变革进行分析和评价，而没有根据整个财务报告概念框架进行梳理和剖析。因此梳理得不够系统，剖析也不够全面和深入。接下来的研究需要进一步深入结合财务报告的概念框架来进行分析和研究。

第二，在实证检验方面，本书试图回答：所得税会计处理方法的变革是否提高了会计信息对主要利益相关者的有用性？但在具体量化衡量所得税会计信息的有用性时，是用所得税会计信息的价值相关性来替代其相关性，用所得税会计信息对盈余稳健性的影响来替代其可靠性，这样衡量方式相对间接，仅能在一定程度上衡量所得税会计信息的有用性。此外，在比较几种所得税会计核算方法的价值相关性时数据期间较短、样本量有限，而对于所得税会计信息可靠性的衡量更为间接，这使得本书的验证存在一定的不足。接下的研究需要进一步改进和完善。

第三，在问卷调查和调研访谈方面，本书试图用问卷调研和调研访谈的方式来进一步考察所得税会计处理方法的变革是否提高了会计信息对主要利益相关者的有用性，同时调查所得税会计处理方法变革的成本效益问题以及所得税会计信息的可理解性。但是由于本书调研的数量较少，这使本书的研究存在局限性。接下来需要增加调研的数量进行调研和分析。

附　录

附录 1　第一份调研问卷

关于所得税会计信息决策有用性的调研问卷

尊敬的女士/先生：

您好！

非常感谢您能参与我们的问卷调研活动！

我们承诺，以下信息均为匿名回答，不涉及公司商业秘密，而且仅用于研究分析用，绝不外传。因此请您放心填写，非常感谢！

一、基本情况（选择请打“√”）

1. 您所在公司所处的行业？

A. 农、林、牧、渔业　　B. 采掘业

C. 制造业　　D. 建筑业

E. 信息技术业　　F. 交通运输、仓储业

G. 批发和零售贸易业

H. 电力、煤气及水的生产和供应业

I. 金融、保险业　　J. 房地产业

K. 社会服务业　　L. 传播与文化产业

M. 综合类

2. 您所在公司的性质？

A. 国有　　B. 私企或民营

C. 外商独资　　D. 合资/合作

E. 其他

3. 您所在公司是否为上市公司（或下属子公司是否有上市）？

A. 是（有）　　B. 否（无）

4. 您所在公司的总资产规模？

A. 0.4 亿元以下　　B. 0.4 亿 ~4 亿元

C. 4 亿元以上

5. 您所在公司的职员人数？

A. 300 人以下　　B. 300 ~2000 人

C. 2000 人以上

6. 您的职称？

A. 初级会计师　　B. 中级会计师

C. 高级会计师　　D. 其他

7. 您的职位？ ______________

二、调研内容（选择请打"√"）

1. 请问您了解所得税会计处理方法中的"资产负债表债务法"吗？

A. 很了解　　B. 了解　　C. 不了解

2. 请问您了解我国所得税会计方法在 2007 年前后的重大变

革吗？

A. 很了解　　　　B. 了解　　　　C. 不了解

如果您1、2题是选C，那么您无须再填写以下内容了，非常感谢您填写问卷！

如果您1、2题选择的是A或B，那么请您继续回答下面的内容，非常感谢！

3. 请问您所在的公司采用的是哪一种所得税会计方法？

A. 资产负债表债务法　　　　B. 利润表债务法

C. 递延法　　　　D. 应付税款法

4. 如果在会计准则不强制要求采用的情况下，您是否会愿意使用资产负债表债务法？

A. 愿意使用　　B. 不愿意使用，会使用其他方法

5. 5-1 请问您愿意使用资产负债表债务法的原因是？（若第4题选B，请跳过此题）

序号	愿意使用资产负债表债务法的原因	完全同意	大致同意	有点同意	一般	较不同意	很不同意
(1)	递延所得税金额很重要						
(2)	递延所得税信息对公司的经营决策有用						
(3)	递延所得税信息对会计、税收、证券监管部门有用						
(4)	递延所得税信息对公司的投资者（股东）有用						
(5)	递延所得税信息对银行等企业的债权人有用						

5-2 请问您不愿意使用资产负债表债务法的原因是？（若第

4 题选 A，请跳过此题）

序号	不愿意使用资产负债表债务法的原因	完全同意	大致同意	有点同意	一般	较不同意	很不同意
（1）	资产负债表债务法过于复杂，递延所得税数据不太可靠						
（2）	递延所得税金额的影响不大						
（3）	递延所得税信息对公司的经营决策用处不大						
（4）	递延所得税信息对会计、税收、证券监管部门的用处不大						
（5）	递延所得税信息对公司的股东、债权人的用处不大						

6. 我国的所得税会计处理方法已使用了：应付税款法、递延法、利润表债务法和资产负债表债务法，您认为哪种方法对贵公司的所得税会计核算最合适？

A. 应付税款法　　B. 递延法

C. 利润表债务法　　D. 资产负债表债务法

E. 其他

7. 您认为，所得税会计方法的选择对以下哪方面的会计信息有影响？（　　）（可多选）

A. 资产收益率　　B. 税后利润

C. 资产负债率　　D. 其他

8. 我国 2007 年实施新企业会计准则后，贵公司会计报表中的所得税数据，与纳税申报表中的所得税数据的差额有什么变化？（　　）

A. 差额变大　　B. 相差不大

C. 差额变小　　　　　　　　D. 其他

三、访谈提问

1. 您认为现行的所得税会计处理方法“资产负债表债务法”对贵公司是否适用？您对此方法有什么看法与评价？

2. 如果要进一步提高我国的所得税会计方法的适用性及其信息的有用性，请问您有什么建议？

附录2　第二份调研问卷

关于财务报表中所得税会计信息有用性的调研

尊敬的女士/先生：

感谢您参与调研！

调研背景与目的：1994～2007年，我国有关所得税会计处理方法的规定经过了几次变革，其中2006年出台的《企业会计准则第18号——所得税》与以往企业会计制度的规定有很大的不同。新会计准则中规定的所得税会计方法相比以往使用过的几种处理方法是否更加有效或有用还有待评估。企业会计管理工作者对于各种所得税会计方法的认识和评价至关重要！本问卷专门针对企业会计管理工作者，以了解专业人士对各种所得税会计方法的认识和评价。

简要说明：《企业会计准则第18号——所得税》中所规定的所得税会计处理方法在理论上被称为“资产负债表债务法”。该方法将关注的重点放在资产负债表上，从资产负债表的角度分析会计标准与所得税法规的差异（着眼于资产、负债的账面价值与其计税基础之间的差异），据以确定递延所得税负债和递延所得税资产，并在此基础上确认所得税费用。在此之前，我国的所得税会计方法还曾使用过“应付税款法”、“递延法”和“利润表债务法”。其中，“应付税款法”不反映会计标准与税法规定之间差异的跨期影响，直接将一定期间的应缴所得税作为当期的所得税费用。“递延法”和“利润表债务法”均要求在特定期间的所得税税负的基础上调整确定当期的所得税费用。与资产负债表债务法不同，这两种方法将关注的重点放在利润表上，着眼于分析税前会计利润与应纳税所得额之间的差异，将这种差异分为永久性差异和时间性差异。其中永久性差异部分不对实际税负进行调整，时间性差异部分的所得税影响则要调增或调减实际税负，据以确定当期的所得税费用，并相应确认递延所得税。“递延法”和“利润表债务法”的区别在于当税率发生变化时，后者要反映税率变化的影响，而前者不需反映。在2007年之前，“应付税款法”、“递延法”和“利润表债务法”可由上市公司选择使用。2007年开始，上市公司和其他执行新会计准则的企业只能采用“资产负债表债务法”。

调研声明：以下调研信息均为匿名回答，不涉及公司商业秘密，而且仅用于本课题的研究，因此请您放心填写！

一、基本情况（选择请打“√”）

1. 您所在公司所处的行业？

A. 农、林、牧、渔业　　B. 采掘业

C. 制造业　　D. 建筑业

E. 信息技术业　　F. 交通运输、仓储业

G. 批发和零售贸易业

H. 电力、煤气及水的生产和供应业

I. 金融、保险业　　J. 房地产业

K. 社会服务业　　L. 传播与文化产业

M. 综合类

2. 您所在公司的性质?

A. 国有　　B. 私企或民营

C. 外商独资　　D. 合资/合作

E. 其他

3. 您所在公司是否为上市公司（或下属是否有上市子公司)?

A. 是（有）　　B. 否（无）

4. 您所在公司的总资产规模?

A. 0.4 亿元以下　　B. 0.4 亿~4 亿元

C. 4 亿元以上

5. 您所在公司的职员人数?

A. 300 人以下　　B. 300~2000 人

C. 2000 人以上

6. 您的职称?

A. 初级会计师　　B. 中级会计师

C. 高级会计师　　D. 其他

7. 您的职位? ____________________

二、调研内容（选择请打"√"）

1. 请问您是否了解我国《企业会计准则第 18 号——所得税》(2006) 中规定的所得税会计核算方法?（备注：该方法在理论上被称为"资产负债表债务法"）

A. 很了解　　B. 了解　　C. 不了解

如果您第 1 题选择的是 C，那么您无须再填写下面的内容了，感谢您填写问卷！

如果您第 1 题选择的是 A 或 B，那么请您继续填写下面的内容，谢谢！

2. 您所在公司是否已经实施了 2006 年出台的新会计准则？

A. 是　　　　　B. 否

3. 在实施新会计准则之前，您所在公司使用的是哪种所得税会计方法？

A. 应付税款法　　　B. 递延法　　　C. 利润表债务法

4. 请您对各种所得税会计处理方法的复杂程度的高低进行评价。

各种所得税会计处理方法的复杂程度的比较

	很高	较高	一般	较低	很低
应付税款法					
递延法					
利润表债务法					
资产负债表债务法					

5. 请您对各种所得税会计处理方法下财务报表信息的生成成本的高低进行评价。

不同所得税会计处理方法下财务报表信息的生成成本的比较

	很高	较高	一般	较低	很低
应付税款法					
递延法					
利润表债务法					
资产负债表债务法					

6. 请您站在财务报表信息使用者的角度，对各种所得税会

计处理方法下财务报表信息的可理解程度的高低进行评价。

不同所得税会计处理方法下财务报表信息的可理解程度的比较

	很高	较高	一般	较低	很低
应付税款法					
递延法					
利润表债务法					
资产负债表债务法					

7. 假如您是企业的投资者，您如何看待财务报表中的所得税会计信息对企业投资者的有用性？请您对各种所得税会计处理方法下财务报表信息对投资者的有用程度的高低进行评价。

不同所得税会计处理方法下财务报表信息

对企业投资者的有用程度的比较

	很高	较高	一般	较低	很低
应付税款法					
递延法					
利润表债务法					
资产负债表债务法					

8. 假如您是企业的债权人，您如何看待财务报表中的所得税会计信息对企业债权人的有用性？请您对各种所得税会计处理方法下财务报表信息对债权人的有用程度的高低进行评价。

不同所得税会计处理方法下财务报表信息

对企业债权人的有用程度的比较

	很高	较高	一般	较低	很低
应付税款法					
递延法					

续表

	很高	较高	一般	较低	很低
利润表债务法					
资产负债表债务法					

9. 假如会计准则允许企业在“应付税款法”、“递延法”、“利润表债务法”和“资产负债表债务法”这几种所得税会计处理方法中随意选择，而且您有权决定本企业的会计政策，请您单纯从本企业的成本效益分析的角度确定选择的优先顺序。

企业对所得税会计处理方法的选择的倾向

	应付税款法	递延法	利润表债务法	资产负债表债务法
第一选择				
第二选择				
第三选择				
第四选择				

10. 假如您是企业的投资者，同时假定会计准则允许企业在“应付税款法”、“递延法”、“利润表债务法”和“资产负债表债务法”这几种所得税会计处理方法中随意选择，那么您对企业选择所得税会计处理方法有何倾向？请确定您希望企业做出选择的优先顺序。

企业的投资者对所得税会计处理方法的选择的倾向

	应付税款法	递延法	利润表债务法	资产负债表债务法
第一选择				
第二选择				
第三选择				
第四选择				

11. 假如您是企业的债权人，同时假定会计准则允许企业在“应付税款法”、“递延法”、“利润表债务法”和“资产负债表债务法”这几种所得税会计处理方法中随意选择，那么您对企业选择所得税会计处理方法有何倾向？请确定您希望企业做出选择的优先顺序。

企业的债权人对所得税会计处理方法的选择的倾向

	应付税款法	递延法	利润表债务法	资产负债表债务法
第一选择				
第二选择				
第三选择				
第四选择				

本调查问卷到此结束。

对您耐心地填写本问卷表示衷心地感谢！

附录3 访谈提纲

关于财务报表中所得税会计信息有用性的调研访谈

尊敬的嘉宾：感谢您参与访谈！

一、调研背景与调研目的

1994~2007年，我国有关所得税会计处理方法的规定经过了几次变革，其中2006年出台的《企业会计准则第18号——所得税》与以往企业会计制度的规定有很大的不同。新会计准则中规定的所得税会计方法相比以往使用过的几种处理方法是否更加有效或有用还有待评估。企业会计管理工作者对于各种所得税会计方法的认识和评价至关重要！本问卷专门针对企业会计管理工作者，以了解专业人士对各种所得税会计方法的认识和评价。具体如下：

1. 企业财务管理者（财务总监、财务经理或财务部门负责人等）对几种所得税会计处理方法的评价。

2. 企业投资者对所得税会计信息的使用情况，以及对几种所得税会计处理方法的评价。

3. 企业债权人对所得税会计信息的使用情况，以及对几种所得税会计处理方法的评价。

二、调研形式

访谈+问卷调查

三、访谈内容

（一）企业财务管理者视角

1. 在实施2007年的新会计准则之前，您所在公司使用的是哪种所得税会计方法？为什么使用该方法？

2. 请您比较：

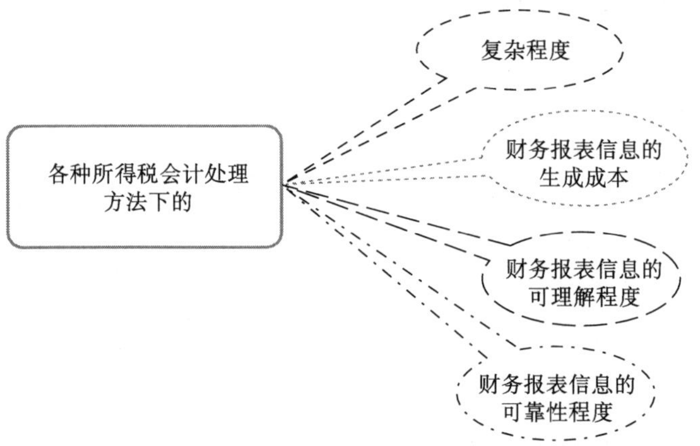

3. 假如会计准则允许企业对所得税会计处理方法随意选择，而且您有权决定本企业的会计政策，那么您会倾向于怎样选择排序？为什么？

（二）企业投资者视角

1. 如果您是企业的投资者，您在进行投资决策时，是否关注（或使用）对方企业的财务报表中的所得税会计信息？在2007年所得税会计方法发生变更后，对所得税会计信息的关注（或使用）相比2007年以前有何变化？

2. 企业投资者如何看待财务报表中的所得税会计信息的有用性？不同所得税会计处理方法下财务报表信息对企业投资者的有用程度是怎样的？

3. 假定会计准则允许企业对所得税会计处理方法随意选择，企业投资者希望企业做出选择的优先顺序是怎样的？为什么？

（三）企业债权人视角

1. 如果您是企业的债权人，您在进行贷款决策时，是否关注（或使用）对方企业的财务报表中的所得税会计信息？在2007年的所得税会计方法发生变革后，对所得税会计信息的关注（或使用）相比2007年以前有何变化？

2. 企业的债权人如何看待财务报表中的所得税会计信息的有用性？或者说，不同所得税会计处理方法下财务报表信息对企业债权人的有用程度是怎样的？

3. 假定会计准则允许企业对所得税会计处理方法随意选择，企业债权人希望企业做出选择的优先顺序是怎样的？为什么？

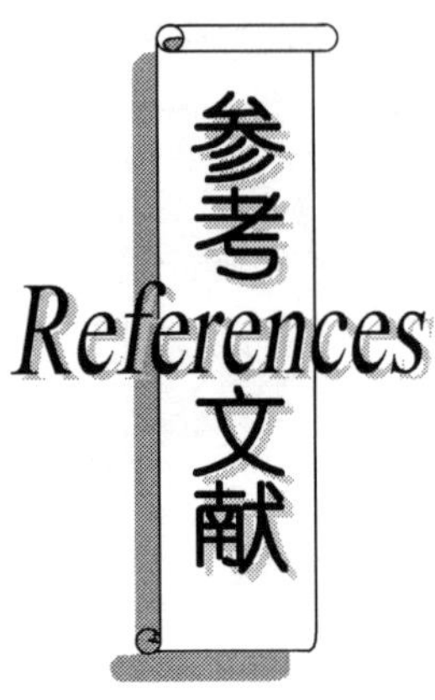

参考文献 References

1. 陈丽花、黄寿昌、杨雄胜．资产负债观会计信息的市场效应检验——基于《企业会计准则第18号——所得税》施行一年的研究．会计研究，2009；5：29—37.

2. 财政部会计司编写组．企业会计准则讲解2010. 北京：人民出版社，2010.

3. 戴德明．高级财务会计学．北京：高等教育出版社，2011：2—4.

4. 戴德明、毛新述、姚淑瑜．上市公司预测盈余信息披露的有用性研究——来自深圳、上海股市的实证证据．中国会计评论，2005；12：253—272.

5. 戴德明、毛新述．新企业会计准则：阐释、应用与难点透析．北京：中国人民大学出版社，2007：216—217.

6. 戴德明、沈梦溪．上市公司信息披露行为中的博弈——一个基于筹资成本与税务成本权衡的分析模型．中国会计学会

2005 年学术年会，中国北京．

7. 戴德明、张妍、何玉润．我国会计制度与税收法规的协作研究——基于税会关系模式与二者差异的分析．会计研究，2005；1：50—54.

8. 戴德明、周华．会计制度与税收法规的协作．经济研究，2002；3：44—52.

9. 戴德明．财务报告目标与公允价值计量．金融会计，2012；1：21—26.

10. 杜兴强、赵景文等著．财务会计信息与公司治理．大连：东北财经大学出版社，2008：1—4.

11. 冯淑萍、应唯．谈谈所得税会计．会计研究，1993；5：41—45.

12. 盖地、刘慧凤．所得税会计准则——理论与实务角度的思考．山西财经大学学报，2008；1：113—117.

13. 盖地．税务会计理论．大连：大连出版社，2011：200－223.

14. 高海军．融资性分期收款销售商品的所得税会计处理．中国注册会计师，2009；5：68—70.

15. 葛家澍、刘峰．会计理论——关于财务会计概念结构的研究．北京：中国财政经济出版社，2003：85—86.

16. 郭喜荣．所得税会计计算原理初探．会计研究，1995；11：11—13.

17. 姜金香、李增泉、李磊．两种准则下会计业绩的契约有用性评价——基于 B 股公司经理人员变更的实证分析．财经研究，2005；8：124—133.

18. 李平．所得税会计沿革及现状的探讨．会计研究，1993；5：46—50.

19. 李善民、毛雅娟、赵晶晶．利益相关者理论的新进展．经济理论与经济管理，2008；12：32—36.

20. 李心源、戴德明．税收与会计关系模式的选择与税收监管．税务研究，2004；11：65—67.

21. 林钟高．所得税是费用，还是收益的分配？——兼议会计的若干基本概念．会计研究，1995；4：18—21.

22. 刘斌、刘回回、李珍珍．所得税会计政策选择的经济动因及实证研究．现代财经，2005；5：55—60.

23. 刘扬新．美国联邦税务会计的基本概念及理论框架．会计研究，1994；2：59—62.

24. 毛新述、戴德明．会计制度变迁与盈余稳健性：一项理论分析．会计研究，2008；9：26～32.

25. 毛新述．会计制度变迁、盈余稳健性的测定与经济后果研究．中国人民大学博士学位论文，2007：28～29.

26. 曲晓辉．论所得税跨期摊配方法的选择与应用限制——兼评《企业会计准则第×号——所得税会计（征求意见稿）》．会计研究，1996；5：22—24.

27. 孙菊生、周建波．会计信息在证券市场中的作用——信息观、计价模型观和计量观．当代财经，2003；4：109—112.

28. 孙丽影．财务报告目标与资产计量．厦门大学博士学位论文，2009：17—18.

29. 汤谷良、戴天婧．EVA 业绩考评制度为什么会受阻与失效？——基于央企导入 EVA 评价指标的多案例研究．中国会计学会 2013 年学术年会议论文集．

30. 王小鹏、戴德明．所得税会计信息价值相关性研究综述．北京工商大学学报（社会科学版），2012；9：65—71.

31. 王小鹏．所得税会计信息价值相关性研究．中国人民大学博士学位论文，2011.

32. 王跃堂，王亮亮，贡彩萍．所得税改革、盈余管理及其经济后果．经济研究，2009；3：86—98.

33. 王一舒．含税分期收款销售业务所得税纳税调整探讨．财务与会计·综合版，2008；10：37—40.

34. 王竹泉．合并会计报表的所得税会计处理．会计研究，1997；12：24—28.

35. 伍利娜、李蕙伶．投资者理解公司会计利润和应税利润的差异信息吗？管理世界，2007；10：114—121.

36. 夏文贤．新会计准则体系的资产负债表观与所得税会计改革．财会通讯（综合版），2006；5：27—30.

37. 许善达、盖地．所得税会计．北京：大连出版社，2005.

38. 薛薇编著．SPSS统计分析方法及应用．北京：电子工业出版社，2009：366.

39. 叶康涛．盈余管理与所得税支付——基于会计利润与应税所得之间差异的研究．中国会计评论，2006；12：205—224.

40. 张萌．融资性质分期收款销售的会计处理及纳税调整．财会研究，2011；5：36—39.

41. 张云．新税法下分期收款销售商品收入的处理．财务与会计·综合版，2008；12：52—54.

42. 中国注册会计师协会编．2013年度注册会计师全国统一考试辅导教材：会计．北京：中国财政经济出版社，2013.

43. 周华．递延所得税的合理性辨析．经济管理，2011；2：182—193.

44. 周雪光、艾云．多重逻辑下的制度变迁：一个分析框架．中国社会科学，2010；4：132—150.

45. 周业安．中国制度变迁的演进论解释．经济研究，2000；5：3—11.

46. 邹舢．我国所得税会计信息的理论分析与实证检验．中国人民大学博士学位论文，2006.

47. ［美］迈克尔·查特菲尔德著，文硕等译．会计思想史．北京：中国商业出版社，1989：331—338.

48. American Institute of Accountants. Committee on Accounting Procedure. “Declining Balance Depreciation” （New York：AICPA）. Accounting Research Bulletin No. 44（Revised），1958.

49. American Institute of Accountants. Committee on Accounting Procedure. “Consolidated Financial Statements”（New York：ATC-PA）. Accounting Research Bulletin No. 51，1959b.

50. American Institute of Certified Public Accountants，Accounting Principles Board. “Accounting for Income Taxes”．（New York：AICPA）. APB Opinion No. 11，1967.

51. American Institute of Certified Public Accountants. Accounting Principles Board. “Accounting for Income Taxes” （New York：AICPA）. Accounting Interpretation of APB Opinion No. 11，1969.

52. Amir E.，Kirschenheiter M.，Willard K. The valuation of deferred taxes. Contemporary Accounting Research，1997；14：597－622.

53. Amir E.，Sougiannis T. Analysts' interpretation and investors' valuation of tax carryforwards. Contemporary Accounting Research，1999；16：1－33.

54. Arthur Andersen & Co. Study Document on Accounting for Income Tax（sponsored by Edison Electric Institute and American Gas Association，unpublished），1983.

55. Ayers B. Deferred tax accounting under SFAS No. 109: an empirical investigation of its incremental value – relevance relative to APB No. 11. The Accounting Review, 1998; 73: 195 – 212.

56. Bailey, G. D. The Increasing Significance of the Income Statement. Journal of Accountancy, 1948; 23 (1): 10 – 19.

57. Ball, R., L. Shivakumar. Earnings quality in UK private firms: comparative loss recognition timeliness. Journal of Accounting & Economics, 2005; 39 (2): 83 – 128.

58. Ball, R., L. Shivakumar. The role of accruals in asymmetrically timely gain and loss recognition. Journal of Accounting Research, 2006a; 44 (5): 206 – 242.

59. Barr, A. Financial Reporting for Regulatory Agencies. Journal of Accountancy, 1958; 105 (2): 26 – 30.

60. Barth, M. Fair value accounting: Evidence from investment securities and the market valuation of banks. The Accounting Review, 1994; (1): 1 – 25.

61. Basu, S. The conservatism principle and the asymmetric timeliness of earnings. Journal of Accounting and Economics, 1997; 24 (12): 3 – 37.

62. Bauman C., Bauman M., Halsey R. Do firms use the deferred tax asset valuation allowance to manage earnings? Journal of the American Taxation Association, 2001; 23: 27 – 48.

63. Beaver W., Dukes R. Intraperiod tax allocation, earnings expectations, and the behavior of security prices. The Accounting Review, 1972; 47: 320 – 332.

64. Beresford, D. R. Deferred Tax Accounting Should be Changed. The CPA Journal, 1982; 52 (6): 16 – 23.

65. Beresford, D. R. , Best, L. C. , Craig, P. W. , and Weber, J. V. Accounting for Income Taxes: A Review of Alternatives (Stamford, CT: FASB), 1983.

66. Bierman, H. , Jr. A Problem in Expense Recognition. Accounting Review, 1963; 38 (1): 61 – 63.

67. Bierman, H. , Jr. One More Reason to Revise Statement 96. Accounting Horizons, 1990; 4 (2): 42 – 46.

68. Bierman, H. , Jr. and Dyckman, T. R. New Look at Deferred Taxes. Financial Executive, 1974; 42 (1): 40 – 49.

69. Black, H. A. Interperiod Allocation of Corporate Income Taxes. Accounting Research Study No. 9 (New York: AICPA), 1966.

70. Blough, C. G. Some Questions on Bulletin No. 44. Journal of Accountancy, 1955; 99 (5): 67 – 68.

71. Blouin J. , Gleason C. , Mills L. , Sikes S. Pre – empting disclosure? Firms' decisions prior to FIN 48. The Accounting Review, 2010; 85 (3): 791 – 815.

72. Carey, J. L. What are Corporate Income Taxes? Journal of Accountancy, 1944; 77 (6): 425 – 426.

73. Carey, J. L. The Rise of the Accounting Profession (Vol. 2): To Responsibility and Authority 1937 ~ 1968 (New York: AICPA), 1970.

74. Chaney P. , Jeter D. The effect of deferred taxes on security prices. Journal of Accounting and Finance, 1994; 9: 91 – 116.

75. Chaney, P. K. and Jeter, D. C. Accounting for Income Taxes: Simplicity? Usefulness? Accounting Horizons, 1989; 3 (2): 613.

76. Chen K. , Schoderbek M. The 1993 tax rate increase and

deferred tax adjustments: a test of functional fixation. Journal of Accounting Research, 2000; 38: 23 – 44.

77. Chung, K. , and C. Charoenwong. Investment options, assets in place, and the risk of stocks. Financial Management, 1991; 20: 21 – 33.

78. Cocco, A. F. , Ivancevich, D. M. , Vent, G. A. , and Zimmerman, J. C. FASB 106's Deferred Tax Implications: FASB Statement No. 109 Adds Another Wrinkle to Accounting for Postretirement Benefits. Journal of Accountancy, 1994; 178 (4): 89 – 91.

79. Davidson, S. Accelerated Depreciation and the Allocation of Income Taxes. Accounting Review, 1958; 33 (2): 173 – 180.

80. Davidson, S. and Anderson, G. D. The Development of Accounting and Auditing Standards. Journal of Accountancy, 1987; 163 (5): 110 – 127.

81. Davidson, S. , Skelton, L. and Weil, R. L. A Controversy over the Expected Behavior of Deferred Tax Credits. Journal of Accountancy, 1977; 143 (4): 53 – 54.

82. Defliese, P. Deferred Taxes—More Fatal Flaws. Accounting Horizons, 1991; 5 (1): 89 – 91.

83. Defliese, Philip L. , Paul Rosenfield, William C. Dent. Deferred Taxes Forever—Professional Notes. Journal of Accountancy, 1983; 156 (2): 94 – 103.

84. Dhaliwal D. , Trezevant R. , Wilkins M. Tests of deferred tax explanation of the negative association between the LIFO reserve and firm value. Contemporary Accounting Research, 2000; 17: 41 – 59.

85. Ditkoff, J. H. Financial Tax Accounting at the Crossroads.

Journal of Accountancy, 1977; 144 (2): 69 – 80.

86. Dohr, H. L. Tax Allocation. Journal of Accountancy, 1959; 107 (2): 19 – 20.

87. Drake, D. F. The Service Potential Concept and Inteiperiod Tax Allocation. Accounting Review, 1962; 37 (4): 677 – 684.

88. Drinkwater D., Edwards J. D. The Nature of Taxes and the Matching Principle. The Accounting Review, 1965; 40 (3): 579 – 582.

89. Financial Accounting Standards Board. Accounting for Income Taxes. Statement of Financial Accounting Standards No. 96 (Stamford, CT: FASB), 1987.

90. Financial Accounting Standards Board. Accounting for Income Taxes—Deferral of the Effective Date of FASB Statement No. 96. Statement of Financial Accounting Standards No. 100 (Norwalk, CT: FASB), 1988.

91. Financial Accounting Standards Board. Accounting for Income Taxes—Deferral of the Effective Date of FASB Statement No. 96. Statement of Financial Accounting Standards No. 103 (Norwalk, CT: FASB), 1989.

92. Financial Accounting Standards Board. Accounting for Income Taxes—Deferral of the Effective Date of FASB Statement No. 96. Statement of Financial Accounting Standards No. 108 (Norwalk, CT: FASB), 1991b.

93. Financial Accounting Standards Board. Accounting for Income Taxes. Statement of Financial Accounting Standards No. 109 (Norwalk, CT: FASB), 1992.

94. Frank M., Rego S. Do managers use the valuation allowance

account to manage earnings around certain earnings targets? Journal of the American Taxation Association, 2006; 28: 43 -65.

95. Freeman. R. E. Strategic Management: A Stakeholder Approach. Boston: Pitman, 1984.

96. Fremgen, J. M. Interperiod Income Tax Allocation and Income Determination. NAA Bulletin, 1963; 44 (8): 3 -12.

97. Frischmann P., Shevlin T., Wilson R. Economic consequences of increasing the conformity in accounting for uncertain tax benefits. Journal of Accounting and Economics, 2008; 46: 261 -278.

98. Gilles, L. H., Jr. An Opinion on Income Tax Allocation. The CPA Journal, 1976; 46 (4): 10 -12.

99. Givoly D., Hayn C. The valuation of the deferred tax liability: evidence from the stock market. The Accounting Review, 1992; 67: 394 -410.

100. Grady, P. Tax Effect Accounting When Basic Federal Income Tax Rate Changes. Journal of Accountancy, 1964; 117 (4): 25 -27.

101. Graham J. R., Raedy J. S. Shackelford D. A.. Research in accounting for income taxes. Journal of Accounting and Economics, 2011; 53 Issue 1/2: 412 -434.

102. Graham, W. J. Income Tax Allocation. Accounting Review, 1959; 34 (1): 14 -27.

103. Graul, P. R. and Lemke, K. W. On the Economic Substance of Deferred Taxes. Abacus, 1976; 12 (1): 14 -33.

104. Hanlon M., Laplante S., Shevlin T. Evidence for the possible information loss of conforming book income and taxable in-

come. Journal of Law and Economics, 2005: 407 - 442.

105. Hanlon M., Maydew E. Book - tax conformity: implications for multinational firms. National Tax Journal, 2009; 62: 127 - 153.

106. Hanlon M.. The persistence and pricing of earnings, accruals, and cash flows when firms have large book-tax differences. The Accounting Review, 2005; 80: 137 - 166.

107. Hanlon. M., Heitzman S. A review of tax research. Journal of Accounting and Economics, 2010; 50: 127 - 178.

108. Hicks, E. L. Income Tax Allocation. Financial Executive, 1963; 31 (10): 46 - 56.

109. Hill, T. M. Some Arguments Against the InterPeriod Allocation of Income Taxes. Accounting Review, 1957; 32 (3): 357 - 361.

110. Holthausen, Watts. The relevance of the value - relevance literature for financial accounting standard setting. Journal of Accounting and Economics, 2001; 31 (1 - 3): 3 - 75.

111. Jaedicke, R. K. and Nelson, C. L. The Allocation of Income Taxes—A Defense. Accounting Review, 1960; 35 (2): 278 - 281.

112. Jennings, A. R. PresentDay Challenges. Journal of Accountancy, 1958; 105 (1): 28 - 34.

113. Jensen M. C., Meckling W. H. Theory of the firm: Managerial behavior, agency costs and ownership structure. Journal of Financial Economics, 1976; 10: 305 - 360.

114. Johnson, A. W. More' on 'Income Tax Allocation' Accounting. Accounting Review, 1961; 36 (1): 75 - 83.

115. Keller, T. F. The Annual Income Tax Accrual. Journal of Accountancy, 1962; 114 (4): 59 - 65.

116. Kissinger, J. N. In Defense of Interperiod Income Tax Allocation. Journal of Accounting, Auditing and Finance, 1986; 1 (2): 90 - 101.

117. Knight, L. G., Knight, R. A., and McGrath, N. T. Tax-Planning Strategies for SFAS 96. The CPA Journal, 1989; 59 (10): 20 - 28.

118. Krull L.. Permanently reinvested foreign earnings, taxes, and earnings management. The Accounting Review, 2004; 79: 745 - 767.

119. Leahey, A. L. Grasping the Fundamentals of SFAS 109—Accounting for Income Taxes. The CPA Journal, 1993; 63 (10): 54 - 57.

120. Lev B., Nissim D. Taxable income, future earnings, and equity values. The Accounting Review, 2004; 79: 1039 - 1074.

121. MacPherson, L. G. Capital Cost Allowances And Income Taxes. The Canadian Chartered Accountant, 1954; 65 (6): 353 - 360.

122. McClelland J., Mills L. Weighing benefits and risks of taxing book income. Tax Notes, 2007; 114: 779 - 787.

123. Miller, H. E. How Much Income Tax Allocation? Journal of Accountancy, 1962; 114 (2): 46 - 51.

124. Moonitz M. Income Taxes in Financial Statements. The Accounting Review, 1957; 32 (2): 175 - 183.

125. Munter, P. and Ratcliffe, T. A. FASB Arithmetic: 109 + 115 = ? The CPA Journal, 1996; 66 (4): 48 - 50.

126. Nair, R. D. and Weygandt, J. J. Let's Fix Deferred Taxes. Journal of Accountancy, 1981; 152 (5): 87 –102.

127. Nurnberg, H. Critique of the Deferred Method of Interperiod Tax Allocation. New York Certified Public Accountant, 1969; 39 (12): 958 –961.

128. Nurnberg, H. Cash Movements Analysis of the Accounting for Corporate Income Taxes (East Lansing, MI: MSU Business Studies), 1971.

129. Nurnberg, H. Changes in Tax Rates Under the Deferred and Liability Methods of Interperiod Tax Allocation. Accounting Horizons, 1987; 1 (3): 59 –65.

130. Ohlson, James A.. Earnings, book values, and dividends in equity valuation. Contemporary Accounting Research, 1995; 11 (2): 661 –687.

131. Parks, J. T. A Guide to FASB's Overhaul of Income Tax Accounting. Journal of Accountancy, 1988; 165 (4): 24 –34.

132. Perry, R. E. Comprehensive Income Tax Allocation. Journal of Accountancy, 1966; 121 (2): 23 –32.

133. Perry, R. E. "Income Taxes" in Burton, J. C., Palmer, R. E., and Kay, R. S. (eds.), Handbook of Accounting and Auditing (Boston, MA: Warren, Gorham and Lamont), 1981: 25 –1 – 25 –24.

134. Perry, R. E. and Simpson, E. R. Q&A 109—A Guide to Implementation of Statement 109 on Accounting for Income Taxes: Questions and Answers. (Norwalk, CT: FASB), 1992.

135. Petree, T. R., Gregory, G. J., and Vitray, R. J. Evaluating Deferred Tax Assets. Journal of Accountancy, 1995; 179 (3):

71 –77.

136. Powell, W. Accounting Principles and Income Tax Allocation. New York Certified Public Accountant, 1959; 29 (1): 21 –31.

137. Raby, W. L. and Neubig, R. D. Interperiod Tax Allocation or Basis Adjustment. Accounting Review, 1963; 38 (3): 568 –576.

138. Rayburn J. The association of operating cash flow and accruals with security returns. Journal of Accounting Research, 1986; 24: 112 –133.

139. Rayburn, F. R. A Chronological Review of the Authoritative Literature on Interperiod Tax Allocation: 1940 – 1985. Accounting Historians Journal, 1986; 13 (2): 89 –108.

140. Read, W. J. and Bartsch, R. A. J. Accounting for Deferred Taxes Under FASB 109. Journal of Accountancy, 1992; 174 (6): 36 –41.

141. Rosenfield, P. The Fatal Flaw of FASB Statement 96. Accounting Horizons, 1990; 4 (3): 98 –100.

142. Rosenfield, P. and Dent, W. C. No More Deferred Taxes. Journal of Accountancy, 1983; 155 (2): 44 –55.

143. Sands, J. E. Deferred Tax Credits are Liabilities. Accounting Review, 1959; 34 (4): 584 –590.

144. Schultz, S. M. and Johnson, R. T. Income tax allocation: The continuing controversy in historical perspective. The Accounting Historians Journal, 1998; 2 (12): 81 –111.

145. Schwartz, B. N. Income Tax Allocation: It Is Time for a Change. Journal of Accounting Auditing & Finance, 1981; 6 (3):

238 -247.

146. Shield, H. J. Allocation of Income Taxes. Journal of Accountancy, 1957; 103 (4): 53 -60.

147. Simpson, E. R. , Cassel, J. M, Giles, J. P. , and Jonas, G. J. Q&A 96—A Guide to Implementation of Statement 96 on Accounting for Income Taxes: Questions and Answers (Stamford, CT: FASB), 1987.

148. Skekel, T. D. and Fazzi, C. The Deferred Tax Liability: Do Capitalintensive Companies Pay It? Journal of Accountancy, 1984; 158 (4): 142 -150.

149. Smith, C. , and R. Watts. The investment opportunity set and corporate financing, dividend and compensation policy. Journal of Financial Economics, 1992; (12) : 263 -292.

150. Sommerfeld, R. M. and Easton, J. E. The CPA's Tax Practice Today - And How It Got That Way. Journal of Accountancy, 1987; 163 (5): 166 - 179.

151. Steiner, R. A. An Analysis of Income Tax Allocation. Journal of Accountancy, 1961; (6): 64 -67.

152. Stepp, J. O. and Petzing, L. N. Accounting for Income Taxes—One More Time. Financial Executive, 1991; 7 (5): 12 -17.

153. Trumbell, W. P. When is a Liability. Accounting Review, 1963; 38 (1): 46 -51.

154. Watts, R. L. Conservatism in accounting Part I: explanations and implications. Accounting Horizons, 2003; 17 (12) : 207 -221.

155. Watts. Ross L. and Zimmerman. Jerold L. Positive Accounting Theory. 北京：中国人民大学出版社，2009：196 -197.

156. Wheeler, J. E. and Galliart, W. H. An Appraisal of Interperiod Income Tax Allocation (New York: Financial Executives Research Foundation), 1974.

157. Wolk, H. I., Martin, D. R., and Nichols, V. A. Statement of Financial Accounting Standards No. 96: Some Theoretical Problems. Accounting Horizons, 1989; 3 (2): 15.

158. Wyatt, A. R., Dieter, R., and Stewart, J. E. Tax Allocation Revisited. The CPA Journal, 1984; 54 (3): 10-18.

159. Zeff, Axelson. The American Accounting Association: Its First 50 Years. New York: American Accounting, 1966.

后记

从我2014年1月博士毕业到今天，一转眼就过了4年。这4年里我工作、结婚、生娃、换工作地点，折腾了很多，也落下了很多。如今回到家乡定居、回到母校工作，内心终于安住，不再彷徨飘摇的时候才再次捡起早该完成的任务，出版我的第一本专著。本书是在我的博士论文的基础上进行的改进，主要是对博士论文中不够严谨的理论推导进行了修改，对数据进行了更新并重新检验。感到遗憾的是本书中的实地调研数据由于种种原因无法更新，只能保留博士论文中所做的调研数据与分析。

我很感恩读博几年的学习与生活！第一个要感恩的是我的博士生导师戴德明教授。记得是2009年7月23日，我怀着忐忑的心情给先生发出第一封邮件，申请报考先生的博士研究生。之后有幸通过考核，成为先生的博士弟子，倍感幸运。入学前我向先生承诺过："不为混文凭而读博，一定善始善终！"而到现在，我不敢说自己做到了"善始善终"，但确是在先生言传身教的影响下，自己想问题、做研究的方式变得更加严谨与实在。

先生是严师，对己对人都严格要求。这让很多同门兄弟姐妹都怕先生，怕先生批评我们做事情不妥或写论文不到位。不过，先生是“刀子嘴豆腐心”，表面上是批评，实际上是关心。周华师兄说：“千金难买一骂。”先生愿意批评是说明我们还有可塑之处。否则，先生何必花一个个周末的时间召集我们开讨论会，从早到晚甚至通宵达旦地对我们的论文进行批评指正。每次开会，先生常常是一手拿着盒饭，一手举着筷子指着屏幕，指出我们论文中的问题。每次收到先生修改论文的邮件，论文中的修改与批注常常是漫山遍野，连错别字和标点符号都“疏而不漏”，我们私下感到惭愧的同时是感动。先生的恩德，我无以为报，唯有踏实努力，点滴实践先生的教诲，争取做一位德业双修的好老师。

博士论文与本书能顺利完成，我要感谢母校叶康涛老师、荆新老师、徐经长老师、耿建新老师、秦荣生老师、林钢老师、赵西卜老师、朱小平老师、于富生老师、朱鑫东老师、张敏老师、易靖韬老师和加拿大戴尔豪西大学的徐宽老师、美国东北大学的刘笑涛老师在会计理论与方法等学习方面给予我的指导；感谢于富生老师、张敏老师和袁蓉丽老师在我博士论文开题时提出宝贵意见；感谢朱小平老师、林钢老师、秦荣生老师和高老师在我博士论文预答辩时提出中肯建议；感谢付磊老师、马元驹老师、刘红霞老师、徐经长老师和宋建波老师在我博士论文正式答辩时提出论文改进的建议；感谢王化成老师、况伟大老师和袁蓉丽老师在我做论文、找工作方面给予耐心指导；感谢陈君老师和施小斌老师在我学习和生活方面给予悉心帮助；感谢中国人民大学研究生科学研究基金项目对我博士论文写作的资助。

我很感恩博士期间能进入一个团结友爱的师门，在每个阶段都得到了同门兄弟姐妹们的关心与帮助。感谢周华师兄和毛新述师兄对我学习与论文写作的指导；感谢夏鹏师兄和崔华清师兄在我论文调研时提供了诸多帮助；感谢成颖利师姐在我学习与工作的细节方面给予建议；感谢王斌师姐和杨鲁师兄从我入学前就开始与我分享经验与收获；感谢张栋师姐、王小鹏师兄、莫冬燕师妹、李帆师弟、刘凡师弟、张博师弟、单璐师妹、李阳师妹、王茂林师弟等在学习上给我提供的许多帮助和鼓励。此外，还要特别感谢李卓然师弟在哥伦比亚大学帮我查找文献资料，感谢2011级的朱冰师妹和陈茜师妹在生活上与学术方法上给我提供耐心帮助。

我还很感恩能与2010级会计与财务金融博士班的同学们一起度过充实的博士生学习阶段，并得到同学们的帮助与鼓励。尤其感谢我的同门姐妹何力军对我的关照和支持。我博士生学习与生活期间的酸甜苦乐，几乎都有力军姐的陪伴。能有力军姐这么好的同门是我此生最值得珍惜的事情之一。还要感谢我的同寝好友彭文伟和刘恋对我的关怀与照顾。此外，感谢柯思宇、黄冰、韩斯玥、周晓娜等同学对我的帮助与鼓励。

我还要特别感谢我的硕士生导师韦德洪教授。从2007年我进入韦氏师门到现在在韦老师的带领下从事会计教育工作已有11年。韦老师制定“礼、义、和、信、行”的师门价值观与“门内骄傲自豪、门外欣赏羡慕”的师门愿景鼓励并培养了一届届的同门学子。现如今，韦氏师门内的兄弟姐妹在各个工作单位充当了重要甚至中流砥柱的角色，这都是韦老师多年来努力培养和经营的成果。韦老师为师为人的方式与态度值得我学习与传承。记得我硕士毕业时向韦老师承诺，韦氏师门内人才济济，我虽然不是最出众的弟子之一，但是我一定会是坚持努力为师门增添正能量的成员之一。现如今，路漫漫其修远兮，吾将上下而求索。

永远让我感到内心幸福甜蜜的是亲人对我的支持与鼓励！感谢我的父母这么多年对我无私付出和全力支持；感谢我的弟弟对我始终鼓励；感谢我的爱人一直为我鼓劲与加油。正因为有亲人的支持与鼓励，我才能安心无忧地完成学业。

最后，衷心祝愿我的亲人、老师、朋友与同学都安康幸福！

唐妤

2018 年 4 月 17 日于广西大学商学院